ビヨウシニオクルコトバ

似合う髪
美しい髪
新しい髪

小松 敦

HEAVENS

JOSEI MODE

ビヨウシニオクルコトバ

似合う髪

美しい髪

新しい髪

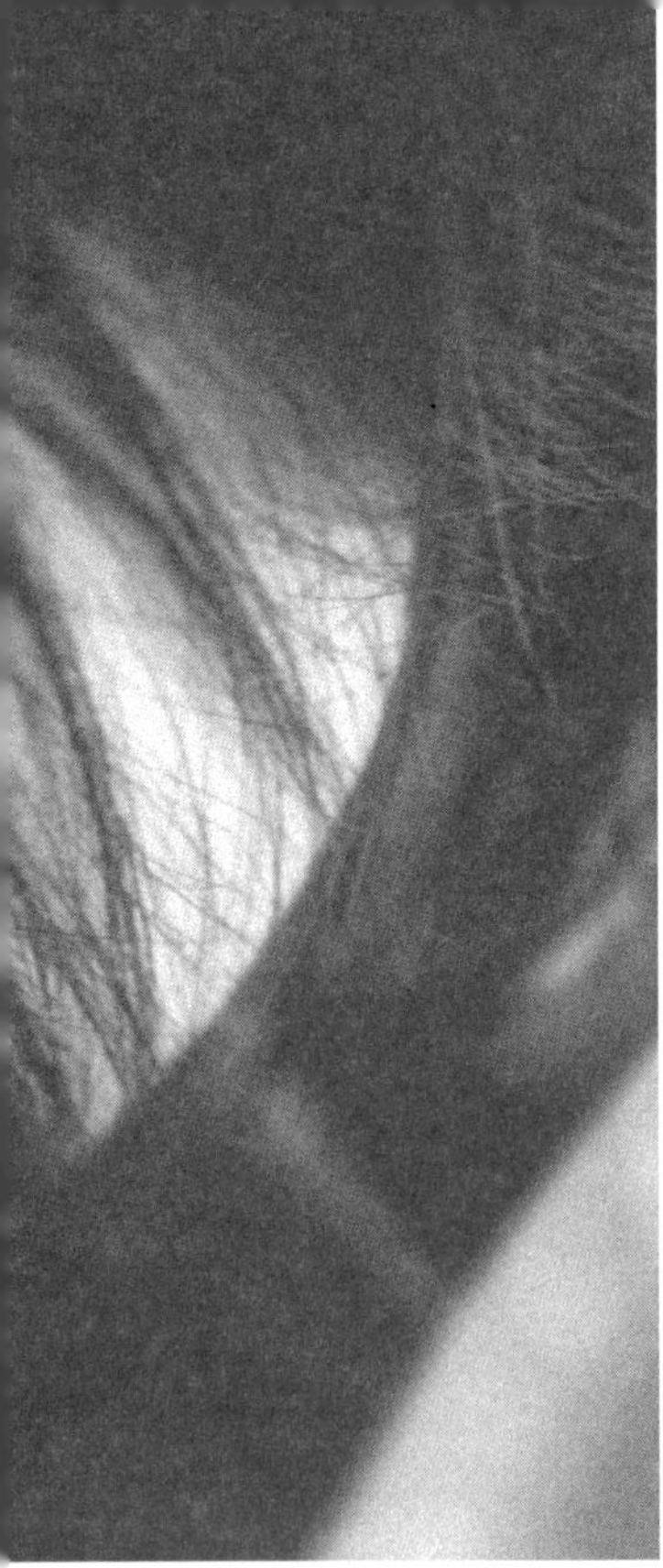

はじめに

本書は、僕がSNS上で美容の技術やヘアデザインについて自主的コラムを掲載していたことに始まりました。そのほとんどは自分やスタッフに向けたメモのような内容です。経験上思うのは、技術やヘアデザインについては写真で見せるべき内容が多い。しかし大切なことを脳内に記憶させるのは「言葉」ではないかと考えました。美容師は接客やコミュニケーションに言葉を使います。言葉の表現力は必要なスキルです。とかく活字離れと言われる時代に、「読むだけ」の美容本に挑ませていただきました。今までの経験からくる認識をまとめています。

僕の考えが全て正しいとは思いません。違う考えを持つこともあるでしょう。それもヘアをデザインするのに必要な感性だと思います。人は違うからこそ惹《ひ》かれ合い認め合える。

興味のある部分から読んだり飛ばして読めるよう、一題ずつで完結させています。気になる部分には線を引き、何度も読んで汚してください。是非《ぜひ》、楽しみながら読んでください。

美容師さんにとって何かをひも解いたり、発見する基《もと》となれば幸いです。

HEAVENS 小松 敦

目次

はじめに —— 6
第1章 ヘアデザインの価値 —— 11
第2章 デザインへのアプローチ —— 29
第3章 デザインするためのマインド —— 51

第4章　カットの力を高める　81
第5章　成長していくために　129
第6章　美容師のこれから　165
第7章　人として、美容師として　195
おわりに　218
著者プロフィール　221

写真　小松　敦　*HEAVENS*
装幀　トランスモグラフ

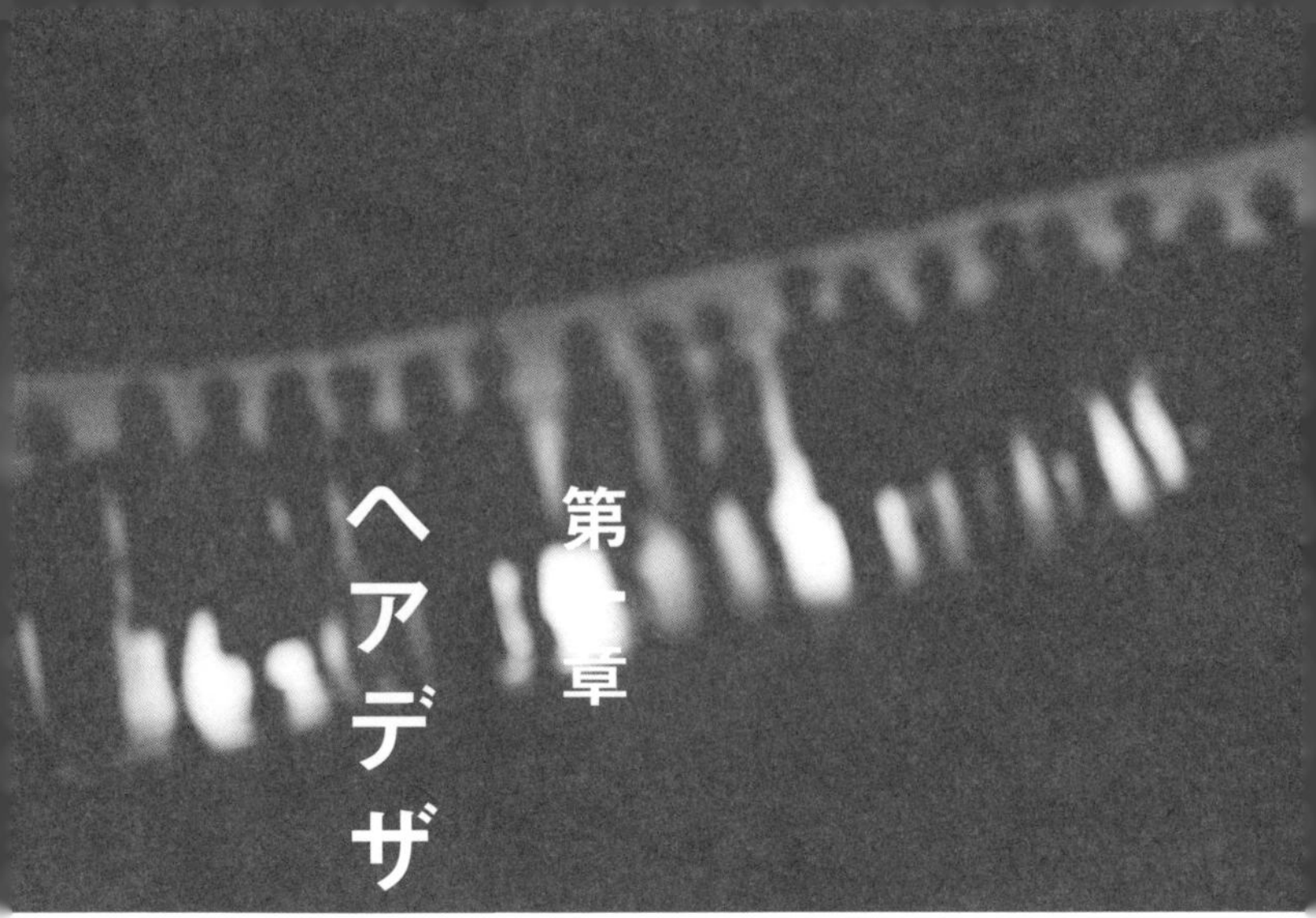

第一章 ヘアデザインの価値

体温を感じる作品

デジタルな時代だからこそ、人の手のあとを感じる作品に惹《ひ》かれます。
記号や信号、ケミカルや合成など、完璧に計算された作風は素晴らしいが、
少し歪《いびつ》だったり不規則なリズムだったりするのもよろしいのでは？
もちろん技術を鍛錬習得している段階では、完璧や完全を目指して取り組むべき。
それが将来の揺るぎない基準になるわけですから。
作品づくりにおいても、キメる極める意識は大事です。

そこを超えていくと自分らしさを打ち出すという意味で、
余裕と言うか隙《すき》と言うか、力みが抜けて自然体で臨むことができます。
できるまでやるのです。

覚醒《かくせい》していくと、すべてが上手くいく。
人工的な完璧さより、迷いや憂《うれ》いや意気込み、隙のある不完全さ、
人の手の温もりがある、人間らしい表現が素敵なのではないかと思えてきます。

サロンワーカーがその手でつくり出す作品にこそ、
人への関心や人への愛情を表してほしい。

ヘアデザインは、自分以外の誰かに捧《ささ》げるものだと思うからです。

センチメンタルな美しさ

完全なるモノは素晴らしい。
それは知っておくべきモノだったりもする。

ただ、心を動かされるのは、どこかに情緒を感じるデザインです。
日本人の感性に響く、繊細で、ときに曖昧《あいまい》さを持った感覚。

決して明るくはないし、ハッピーで健康第一な弾け感もない。
どこか影や謎を感じさせる魅力、もっと知りたくなるような風情や情景。

艶《つや》、影、憂《うれ》い。

儚《はかな》さや懐かしさなど、人の心の奥底にあり、解説するのが困難で、感覚を揺さぶるような、センチメンタルなヘアデザインに惹《ひ》かれます。

そんな女性は、きっと美しいはずだから。

余韻のあるデザイン

ヘアデザインが語られる時には、感覚はもちろん、芸術的、数学的な視点など、さまざまな見識が用いられます。

建築や絵画彫刻などにおいては、方程式や黄金バランスなどを引き合いに、その是非《ぜひ》を論じ合う者までいる。まあ、それも良いでしょう。

僕が思うに、ことヘアデザインにおいては、人が主役のデザインなのでそう簡単には数値化できない。それをなんとか数値化しようとするからややこしくなる。

もちろん最低限の基盤となるような数字的部分は必要でしょう。
それに従って学習する時期も必要です。

でもその先は違う。
香るような、光や影のような、気分や気持ちなど、精神のように揺らぐ、
つかみどころのない美しさ、美的な価値が求められる。

印象に残る、記憶に残る優れたデザインは心を動かします。
そして、そこには独特の余韻が漂う。

ある意味それは、オーラの一種とも言えるでしょう。

心地良い違和感

美しい。素敵。カッコイイ。カワイイ。

ヘアでそういう感じ方、感じさせ方を狙うのが、デザインづくりの王道です。
まずはそこを目指すよね。

人は他者の評価に期待するし、自身の納得も感じたい。
ゆえに努力できる。

ただ、「100%正解で完璧」という表現は、なかなか難しいもの。
それに、完璧を望めばそうそう簡単に満足なんてできないはず。
作風に自分らしさを求めるようになると、葛藤《かっとう》もする。

技術は優れているのか？　そもそもセンスはどうなのか？　どう思われるのか？

はじめから完璧などない。
今できることで表現すると決めてしまえば狙えるようになる。

変なリズムだけど何か気になる、妙に体が動く、感じたことのない味だけど新鮮で好きな感じがする、行ったことがない観たこともない景色のはずなのに、どこか懐かしくもあり、心が解放されるような旅の風情……。

人が心を動かされる作品。どこか引っかかるヘアデザイン。
なぜか、ずーっと観ていられるヘアデザイン。

それは、とても心地良い違和感を感じたから、感じているからです。

目に留まるということだけでなく、心にずーっと残るような、
残像までも記憶されそうな違和感。

そういうものをつくりたい。

小松 敦の一問一答①

問 接客で気をつけていることはありますか？

答 まずは自分の見た目ですね！

自分のヘアはもちろん、着ている服もね。お客さまの期待に応えられる存在感としての見た目を維持できているかです。男性は特に清潔感に注意して、雑な印象を持たれないようにしないと。ファッションは個人の好みだけど、サロンではお客さまのためでもある。伸びっぱなしの髪とか汚れた服はダメ！ 見た目は大事です！

再現性こそ商品価値

どんなにトップトレンドのヘアを売ったり、
作品でバッキバッキに決めても、
その方（ヘアの持ち主）が自分で簡単に仕上げられなければ、
そのヘアに商品価値はないと断言する。

とかく、作品ではソコを求めていない、という美容師もいるでしょうが、
モデルさんはどう思っているか？

お客さまはもちろん、僕はモデルさんにも再現性のあるヘアを提供したい。
確かに再現性を優先したらデザインしにくい。分かる。
でも、デザインされつつ再現性が高いものが優れていると思わないかい？
僕はそこを目指したいんです。
それは美容師としての価値でもあるはずです。

デザインの98%は常識的なこと

これはインテリアの『コンランショップ』創始者で、イギリスの家具・インテリアデザイナーとして知られるコンラン卿《きょう》の言葉です。

「98%」ということは、ほとんどの人が何かしら感じ取れるデザイン、ということでしょう。または特別な感性を持つ人だけが認識できるのではなく、ほぼ誰でも分かる、多くの人が良いと感じ取れるデザインとでも言いましょうか……。

ただし、この言葉は大衆的であることが正しいという意味ではないと思います。

ましてやファストファッションの類《たぐい》ではない。

ここからが重要。

この言葉は、98%は常識的にデザインされているが、2%は特別かつ重要な要素を組み込むことが「良いデザイン」には必要だ、という意味と捉えています。

数字的な比率の意味合いはさておき、この少数の価値っていうところを僕は気に入っています。ファッションにたとえるなら、コレクションで発表されるトップモードは、誰でも着られるものではないものの、誰もが夢や憧れを感じられるデザインだったりする。これと似ています。

タイミングが合わないと、その良さが分からない時もある。

ゆえに美容師には、いつも新鮮な価値を嗅《か》ぎとる臭覚が必要なのです。

良いデザインは人を高揚させる

ヘアデザイン、ここではヘアスタイルと言ったほうがいいかもしれません。
ヘアスタイルを変え、それを気に入れれば、誰しも気分が良くなるものです。
しかもそれだけではない。

何だか自信がつく。
自分を表したくなる。
前に出てみたい。
ちょっとアピールしたくなる。

たぶん、その人が恋愛中ならもっとそう思い、感じるでしょう。
そして、新しい洋服を買った時以上の高揚感を味わうはず。

なぜなのか？
髪は自分自身の素材だからです。自分が生かされているからです。
もともと素材に満足している人は少なく、
コンプレックスを感じている人のほうが多い。
自分が生かされているから嬉しさや満足感が違うのです。
美容師が、人を幸せにできる仕事と言われる所以《ゆえん》。
それは人を高揚させ、ポジティブな気持ちにできるからなのです。

第二章
デザインへのアプローチ

女性像を描く

コンテストの後、エントリーした方々からいろいろな質問が寄せられますが、よくよく話を聞いていると、どうやら、どうすれば受賞できる作品をつくれるのかに意識が向いているようです。まあそれも分からないではないが……。

でも人に認められたいあまり、審査員に合わせたデザインをつくっても、美容師としての今後に良いことはないのでは、と思います。

デザインするということには、

自分が何者か？
自分が好きなものは？
自分が描きたい女性像は？

という自問も必要です。

CHANELなどでデザイナーを務めるカール・ラガーフェルドは、ケイト・モスを長くイメージモデルに起用していました。ケイトを女性像の象徴としてデザインしていたのです。ラガーフェルドはケイトに似合うファッションを商業的に成功させ、それを背景に、常に女性像をブラさずヒットデザインを続けて発表しました。

僕の中にも漠然《ばくぜん》と、ヘアをデザインをする上でイメージする女性像があります。
年齢は20代後半で、恵まれた家庭に育ち教養も品性もある。
現在はＮＹに住み、父親のサポート的な仕事をする。
プロポーションに恵まれ、
ファッションも品のあるセクシーなロックテイストを好む。
大人たちとの会話は政治経済やスポーツ、ファッション、恋愛など多岐にわたる。
ファッションや仕草や言葉使いで、あえて少し行儀悪いイメージをつくり、
女らしくなり過ぎないように計算している……。
ヘアはショートからロングまで平気。飽きっぽくて刈り上げも全然大丈夫。
留学経験があり、その時期はミニスカートに金髪のベリーショートだった。
とにかく人と違っていることが大好き。

ざっくり言えばこんな感じです……。

魅力的でいて、許容範囲が広く、知的でアグレッシブ。
そしてファッションへの意識が高く、センスもあるイメージ。

あくまで一例ですが、こんな女性像をイメージし、ヘアをデザインしてきました。

自分なりに、なるべく細かく具体的に女性像を描いていくこと。
そうすれば、どこに向かってデザインするべきか、イメージしやすくなりますよ。

似合わせはパターンではできない

よく雑誌などに、「丸顔の人には◯◯な感じが似合う」とか、「髪質が××なら△△が似合う」とか書いてある。

参考までにしておいたほうがいい。

間違っているとまでは言わないが、人の個性はそんな簡単な基準ではくくれない。

人には、社会的な立場や生活環境の違い、性格の違いもあれば、顔のパーツはそれこそ千差万別で、とても一概に言えるものではない。

それより僕は、声質や性格、価値観やファッション感を大事にし、場合によっては逆を狙うこともある。その人自身が気づいていない似合わせ方を見つけることが楽しいいし、醍醐味だと感じています。

五感と美容師の経験を下地にし、骨格・髪質・毛量・毛流・生えグセなどを考慮して決める似合わせは、単純な似合わせパターンで語ることはできない。

「○○なら□□が似合う」はパターン的な発想。入り口には良いかもしれない。ただし、ヘアデザインをパターンで提供するのは、ファストな価値観。

もしそれだけでいくなら、持ちパターンを増やさないと、お客さまはすぐに飽きて離れていきます。必ずね。

リズムとコントラスト

この2つはデザイン上、テクニック上、欠かせない要素だと思っています。

なぜかと言えば、ヘアスタイルづくりはハサミを使うカットテクニックでデザインベースをつくることから始まるためです。

自分の体内に持っているリズムは、作業する上での基準となります。

指や関節を動かすリズム、見えるものなどを感じ判断する脳のリズムが、デザイン構築に影響するということです。

音楽や、思わず体が動くダンスなどは、自分のイメージ力を身体から高めてくれる。アートなどを見て何かしら感じ入ることは、脳内に新たなリズムを生み出すのではないでしょうか。

コントラストとは明暗や強弱の程度、加減です。これもリズムに近いイメージです。メリハリのもとになる、やわらかさの中にある強さ、色のコントラスト、ボリューム感とタイト感、デザインを構成する要素には必ず含まれます。

リズムとコントラストをベースにへアデザインを考えることも、自分の内からのデザインにつながると思います。

音楽とヘアデザイン

僕はどうやら中1くらいから洋楽にハマっていたらしい。たぶん親に買ってもらった小さなラジオが影響している。日本の音楽も聞いていたが、特に気に入ってたのは全部洋楽でした。FEN（※Far East Network／在日米軍向けのラジオ放送）を目覚まし代わりに聞いては傾倒していた。

カッコいい！が重要で、それがすべてでした。当然、アーティストのファッションも影響する。山形の田舎町で僕は浮いた変な格好をしてたと思う。お小遣いで初めて買ったのは、変なかたちのGジャン。初デートもそれを着た記憶がある。

音楽や映画には、その時代のカルチャーが沢山詰まっています。リアルに体験してきた僕らおじさんは、その影響が強い。

今もそうですが、特に音楽はファッションと連動しています。サイケデリックやフラワーチルドレンのヒッピーファッション。'80年代のオルタナティブ系アーティストは今もなお影響力を持っている。ロンドンパンク、ニューロマンティック、NYロック、アメリカンポップス、ガレージロック、カレッジロック、アンダーグラウンドヒップホップ……。挙げたらキリがない。

そのすべてにメッセージがあり、ヘアもファッションも僕の記憶に残りました。多感な時期にカッコいい！と憧れることは大事かも。

今からなら、好きなアーテストのルーツをひも解いて、カルチャーやファッション感を再発見する試みがおススメです。

流行っていないことにも目を向ける

トレンドという言葉の意義は、どんどん軽くなっているように思う。

センスや感覚の良い人々は、既にトレンドを素敵だとは思わなくなっている。

ひとつのトレンドによって大衆の意識が満たされると、その価値は思いのほか急激に下がっていくものです。

誰でも着られる洋服は、人を選ばないから売れます。沢山売れます。

着る人は、皆が着ているから安心して着られます。

これはファストファッションの台頭ということに限らず、特定の柄や色、アイテムが爆発的に流行ると、至る所で見られる現象です。

どうしても日本人は流行りに弱い。
皆と同じ感覚、ということが優先されがち……。
その分、個性的に生きるのにはパワーがいるのかもしれません。
でも意外に、個性を大事にする人はトレンド以外で楽しんでいるものです。

トレンドからズレて、良い距離感で生きていければ楽しいはずです。また、個性的な人は他人から認識されやすく、その嗜好《しこう》も伝わりやすいと思います。

美容師も、自分の個性を表したファッションをしたほうが良い。
その嗜好はチェックされ、評価されます。
美容師は自分のオシャレをポジティブに考えていくべき。
それが売れっ子になるためのブランディングのひとつだと思います。

ヘアデザインにも似たようなことが言える。

皆がつくっているものと大差ないスタイルは、すべて同じに見られ、同じように評価されてしまう。髪型を変えてくれないというお客さまの声をよく聞きます。潜在的にそういう思いを持つ人は多い。それが現実。

美容師は多くの引き出しを持つべきだとよく言われます。

そうは言っても若い時はトレンドヘアから積み上げていくのもひとつの方法です。

ただ、今のトレンドにはソースやルーツがある。それらを掘り下げてみてはいかがでしょうか?

たまに流行っていないことにも目を向けましょう。

新たなヒントが必ずあるはずです。

小松 敦の一問一答②

問　小松さんの「自分じるし」は何ですか？

答　束感です！

デザインのディテールでは「束感」でしょうね。限りなく先細っていく毛先の束と、少しブツ切り感のある束を混ぜたようなイメージ。繊細さと荒さのミックスですね。ヘアスタイルで言えば、やっぱりボブ。小松と言えばツーセクションカットとボブ。ボブは腕前も出るから一生かけて磨《みが》き続けられますよ。

リアリティブ、その先

２０１３年10月に、僕のFacebook上に初めて登場したワード「リアリティブ／REALITIVE」。

当時、ヘアカタやコンテストなどで発表されるヘアデザイン、ヘアスタイルが、何だか方向性を生み出せていないような気がしていました。似たり寄ったりなスタイルや、時代性とかけ離れたデザインであふれていて、混沌とした印象が強かったのです。

デザインの傾向はいつの時代も繰り返されます。ただ、その時代にしか見出せない価値観もあると思います。そうした中で、美容師がどこへ向かうべきかが問われている時代だと感じました。

サロンスタイルより踏み込んで、オシャレな特別感を出すヘアデザイン。クリエイションより少し現実味のあるヘアデザインを目指すリアリティブ志向は、多くの美容師さんに共感されたと思います。大手メーカーさんが行なうイベントのキーワードにもなり、リアリティブ志向はデザインのスタンスとしても広く浸透していったのではないでしょうか。

特にフォト作品では、自然な空気感の中でオシャレな女性像を描きやすい。ヘアカタのテイストとは違った表現に、多くの美容師がハマった感があります。

時代の空気がリアリティブの思考とマッチしたのでしょう。

ただしその代わり、最近はデザインにおけるクリエイティブ志向が少し弱まり、ナチュラルな表現に寄り過ぎているように見受けられます。僕としては、クリエイションは夢のある非日常的なイメージを追っていただきたいと思っています。

いずれ、日本の美容師のセンスや可能性を広げるリアリティブ志向は、海外にも波及することでしょう。その進化には今後も注目していきたい。

ナチュラルよりも踏み込んだ、サロンワーカーだからこそできる、個性あるオシャレなヘアデザインと女性像の登場に期待します。

髪は切る？　それとも残す？

もちろんヘアカットは髪を切るのですが……。

特にカットプロセスや技術を習得している時期は、どうしても切ることに没頭します。そうやって集中力やスキルを上げていきますよね。

それがヘアを似合わせる段階になると、髪をどう残すか？という意識が重要になっていきます。意外に美容師さんには、ついつい切り過ぎる傾向があります。

それがやり過ぎのデザインにつながるのです。

生花や盆栽や森林をつくる人たちは、自身のルールやセンスや調和の中で、どう残すべきか？ と考えながら仕事をするそうです。
極端で孤高の職人などは、何もしないことが究極の仕事なのだとか……。

どの髪を、どうやって残すか？

これを丁寧《ていねい》に、それでいて大胆に考えていくと、やり過ぎではない素敵なヘアデザインが必ず見えるようになりますよ。

はじめは技術で髪を切る、その後は、ヘアデザインで髪を残す。

第三章
デザインするためのマインド

ギリギリの似合わせ

ストライクゾーンのど真ん中に、得意な豪速球を投げ込む！
勇気を持って投げたストライクは人々を感動させます。
ファンも歓喜するでしょう。

しかし最も勇気が必要なのは、バッターの顔の横を通るくらいの内角高めや、
足もとに落ちる内角低め。
チャレンジ精神のある、ハラハラドキドキな決め球と言えます。

ヘアデザインも、もちろんストライクゾーンを意識します。
みんなが認める、みんなが分かる作風が良いに決まっている。
また、それが多くの人に似合うのであれば、安心感があります。

それに対して、ストライクゾーンのギリギリに似合わせる。
勇気がいります。どう理解していただけるのか……。
ドキドキやワクワクとはそんな状態です。

ほかの人が選択しない「逆」を行く。トレンドを狙わない。
そういう勇気が必要。

そして、それはたまらない快感をもたらしてくれるのです。

ヘアデザインの醍醐味

僕ら美容師は、おもにお客さまのヘアスタイルを担当するわけでして、その意味では「デザインする」と言って良いのか少し疑問ではあります。こちらの主観や独断で、勝手にかたちや機能を決められないわけだし。

でも、「ヘアをデザインする」という響きは捨てがたい。

お客さまそれぞれの素材を、技術者が経験や知識を総動員させ判断し、かたちづける作業は、やはりデザインするということにしておきたい。

僕は自慢できるような学歴があるわけでもなく、家柄が芸術家的なわけでもないが、
培《つちか》ってきた価値観をもとに、堂々と「ヘアデザイン」として表現し、
世に送り出し続けていけたら幸せです。

素材が千差万別だから、同じヘアデザインというものは本来は存在しない。
一人ひとりに合わせ、カスタマイズしながらヘアをかたちづくる。
そうして生まれたヘアデザインによって、人が変わり、出会いも変わる。
人生が変わる。

自分だけができる、その方のためのヘアデザイン。
醍醐味あるよね。

偶発はデザインじゃない

突然天から降ってきたデザインのアイデア。
そんなのあるのかな?
そんな人がいたら、きっと天才なんでしょうね。

そもそも僕らはアートではなく、素材ありきで発想しなければいけない。
素材無視でクリエイティブっていうシーンもありますが、それは別として。

大切なのは日頃の積み重ねです。

毎日のサロンワークを一つひとつしっかり考え実践し、記憶に留めて引き出しを増やしていく。そして、発想するタイミングでは瞬発力を持ってアイデアを出す。

さらに、それがコンスタントにできなければ、優れているとはなりません。しかも自分らしく発想し、つくるのです。

人のつくったものに、いつまでも影響され続けていては、いつまでたっても「自分らしさ」は表せない。

ヘアデザインの発想力とは、偶発的なものではありません。サロンワークの継続的な取り組みから生まれる確信的な力なのです。

潔くデザインする

「ヒットヘア」を連発できる人、稀《まれ》にいます。
それは才能でもあり時代の寵児《ちょうじ》だからなのかもしれません。
そうありたくても、なかなか思うようにアイデアが出なかったり、
技術的な課題があったりして、悩んでしまうこともあるよね。
でも僕は、あまりそういった悩みを感じたことがない……。
これにはカラクリがあるのです。

自分が得意なデザインや、好きな女性像でヘアをつくり続けているからです。
流行りに合わせたりすることもなく、ただ自分の嗜好《しこう》をもとにつくっている。
悩みようがない……。

評価されたいという思いの強さが計算のし過ぎ、狙い過ぎになるのだと思う。

狙いのために計算し、計算のために狙ったような仕事をしても、自分らしい納得できるヘアデザインなんてできやしないのです。

自分を見つめ、今できる自分らしい仕事をするべきです。
潔《いさぎよ》く自分をさらけ出してデザインする。それが大事。

個性的であることの重要性

みんなと同じがいい！　という価値観があります。
それがトレンドを支えているという側面もある。
数字を稼ぐには、多くの人が共感する価値観を備えなければならない。
ＴＶでもＷｅｂでもファッションでも、
平均的で万人に受ける価値観が優先されます。
これは皮肉でもなんでもなく、本当のことです。

しかしデザインの世界には、数%の少数派が絶対に必要です。
その少数が価値の均衡《きんこう》を保っているとも言える。

そして少数派は多くの場合、大衆的な価値をとても理解しています。
その逆は難しいのかもしれない。

どちらの道を選ぶか。これには正解なんてありません。

ただ、人と同じを選ぶか、個性的でいるか、
どちらにするか決めなければいけない時がくる。
それは美容師としての生き方の選択でもあるのです。

出る杭は打たれる？

そんなことはない。自分の気の持ちようです。
この業界では、というより、
ヘアデザインを生む世界ではこれと逆のことが望まれている。

僕も、新しい価値観や優れた新鮮な技術、
今後支持される未知のヘアデザインを望んでいる。
自分の中で、勇気を持って踏み出す行為は、何かしら新しい価値を生む。必ず。
そういう意識がなければデザインなんて生まれない。

思った通りに、浮かんだアイデアに正直に、勇気を持って表現すれば、
誰かが観ていてくれます。
それが目の前のお客さまだったりスタッフだったり審査員だったりする。
本当に価値あるものは、世の中が放っておかないはずです。
かつて、僕もそう思って踏み出しました……。

良い評価が実感となれば、自信が湧き、覚醒《かくせい》して行動力や表現力が磨《みが》かれる。

堂々と「出る杭」になりましょう。
そして、世の評価を真摯《しんし》に受け止めましょう。
そうすれば自分が見えてきます。
センスとは、そうやって確信に変えていくものなのです。

「カワイイ」に頼り過ぎてはいけない

みんなが好きで、愛着を持てるという意味合いのものを
「カワイイ」と表現することが多いですよね。
すごく便利な表現だから、いろいろなシーンで使える。
現実的なシーンばかりでなくスマホで、SNSでも多用できる。
しかし……。

美容師は「いいな」と感じたものすべてを
「カワイイ」という表現でくくってしまうのはいかがなものか？

美しい、綺麗、愛らしい、魅力的、バランスが良くなっている、子どものような、純粋な、などなど……。表したい意味合いはいろいろあるはずです。

問題は、何がどうカワイイのかを伝えられるかどうか、ではないだろうか？

あらゆるものを「カワイイ」のひと言で済ませるのではなく、◯◯な部分が△△でカワイイ、□□を××するとカワイイなど、少し具体的なことをつけ加えるだけで、受け取る側はもっとすんなり腑《ふ》に落ちるのではないかな。

便利な表現は、どうしてもインスタントな感じがしてしまうこともある。自分の思いを具体的に伝える力を磨《みが》くべきです。

似合う髪、美しい髪、新しい髪

これは『HEAVENS』開業当時から、ヘアデザインのコンセプトとしてスタッフと共有している言葉。当たり前のことですが、デザインワークとしてとても重要な、サービスの根幹としても大切なことだと考えています。

とかく長く美容をやっていると、本来の価値をおざなりにしてしまいがちになるものです。だから時々自分たちの立ち位置や、やっていることの良し悪し、判断の基準として、この3つの言葉を羅針盤《らしんばん》のように見て、再確認しています。

本当に似合うヘアデザインの追求。そんな思いが最初にありました。

最近は、トレンドに流され勘違いが横行しやすい世の中になっている。
情報の受け手は、メディアが取り上げたものは正しいと思ってしまう傾向がある。
人の噂《うわさ》や一方的な考え方だけで真実だと錯覚してしまう。
自分たちの考えに基準を持たず、世の中の流れに合わせてしまう。

僕はスタッフに、つくるヘアデザインをこうしろとは言いません。
その代わり、この3つの言葉だけは大切なことだと伝えます。

きっと時代が変わっても、これらの言葉の価値は変わらないはずです。
スタッフで共有されるデザインのマインドが、サロンをつくり上げていく。
それがデザインブランディングでもあるのです。

閃きは、既に内に持った感性

あ！　そうだ閃《ひらめ》いた！　アイデアが浮かんだ時、そう思いますよね。

実は、それは既に自分の内に持った感性から生まれているのです。

閃いたことに感動しがちですが、そこで生まれた（と感じた）アイデアは、脳の中に隠れていた知識や経験、イメージが必要に応じて引き出され、形成される。

つまりたくさん本を読んだり、旅に出て発見を得たり、アートに触れたり、ヘアデザインを観たり……といった体験が閃きのモトになり、感性を育《はぐく》んでいるのです。

さらにそれが経験として蓄積されていき、どのくらい感動が多いか大きいかによってその厚みが変わります。

感性を呼び起こすには、それなりの方法やアプローチがあります。
自分の経験をモトにした成功例や失敗例という引き出し。
カルチャー的な要素からアプローチしてデザインを組み立てる。
現在評価されている価値観に自分の志向を照らし合わせる。などなど。

音楽からデザインをイメージしたり、ファッションの知識や具体的な人物、イメージアイコンを元ネタにしたりなど、自分がイメージしやすい手法を見つけてしまえば、次から次へ、泉のごとくアイデアが湧き出てくるようになるかもしれない。

経験はムダになりません。
頭で考え過ぎる人は、臆病にならず、もっと柔軟になりましょう。
行動すること、感動の場を多く持つことが、閃きにつながります。

迎合することに関して

忘れてはいけない価値観がある。
自分の才能を認めてもらうためだけに媚《こび》を売ることや、諦めることは自分の能力の可能性を狭めてしまう……。
ただただ気に入られようとする行動から、どんな経験が得られるのでしょうか？

「迎合」

辞書には「自分の考えを曲げてでも、他人の気に入るように調子を合わせること。

権力に――する」とある。

安心、安堵、平穏。良いことです。
ただ、仕事とは成長できてこそ安息を得られます。がんばりどころです。

賞をとるためにつくる。ネットランキングを意識する。読者の支持に合わせる……。

自分らしく。かっこ悪くても。泥臭く。評価は覚悟の上。そこから自分を知る。
これしか無いと思います。

人とは違っていたい。一度の人生、自分らしく生きる。
これで良いのだと思うのです。

自分じるしのデザイン

僕はこのことを「タグをつける」と言ってました。今で言うタグづけですね。

最近ではマーキングとも言います。

具体的には、ブランド品などにぶら下がっているタグやロゴマークのイメージ。

以前、マネキンのヘアを僕がデザインして、そこに『HEAVENS』ロゴのタグをつけたキービジュアルをつくったこともありました。

街を歩いている人のヘアスタイルは、どこの美容師が担当したのか、その人はどこのサロンに通っているのか、一般的には分からないものです。

だからこそ、うちのサロンらしさにこだわりたいと思う。
自分らしさにこだわろうという意識です。

それにあたって、まずは……、

自分はどんなヘアデザインが好きか?
どんな技術が得意なのか?
今、どんなことにハマっているのか?
自分の好きなカルチャーのベースは何か?

といったことを一度深く考えてみることが必要です。

それが美容師としての自分の個性を理解するきっかけになります。

ある意味でフォトコンテストやカットコンテストに出場する美容師は、そういった「自分じるし」を絞り出すためにチャレンジしているのだと思います。そして繰り返し出ている人は、徐々にではあるがハッキリとそれを自覚できてくるはずです。

自分じるしを見つけましょう。

これを意図して表現できれば、きっと明確で絶大なファン層がついてきます。

小松 敦の一問一答③

問 かなわないなと感じた美容師はいますか?

答 特にはいないです。でも意識した方々はいます。

デザインにおいてはいません。ただ、存在として意識した方々はいます。恩師や先輩など、その時代に活躍した美容師は、僕にも少なからず影響を与えてくれました。誰にでもそういうことはあるはず。そうした方々がいなかったら今の僕はいない。もちろん心からリスペクトしています。これからもね。

美しい、新しいモノに憧れ続ける

ひと口に美容師と言っても、その職業的なスタンスはいろいろあるでしょう。
オーナー美容師、マンツーマン美容師、コンテスト美容師etc……。

ただ、どんなスタンスだったとしても、美しいものが好きであるということ、
新しいものに惹《ひ》かれるということ。これはとても大事だと思うのです。

仕事のために意識せざるを得ないとか、
新しさに関心がないというのは少し違う気がする……。

生涯現役時代と言われたりもする中、美しいもの新しいものに惹かれることが、
いろいろなエネルギーのもとになるのだと感じます。

僕は何もない素朴な土地に育って、今更ながら良かったと思っています。
だからこそ美しいもの、新しいことに憧れ続けている。

それがヘアをデザインする意欲への原動力のひとつであると感じる。
いくつになっても美しさや新しさに憧れがあることは大切です。

似合わせとは？

美容師はよく、似合っているね！という言葉を使いますよね。

そもそも似合っている、似合わせるとは何なのか？


辞書には「調和する。相応《そうおう》する」とあります。なるほど。

どうやらふさわしかったり釣り合っていることのようです。

AとBが釣り合っている。CにはDがふさわしい。ピッタリしている。ジャストだったりフィットしている様子なのです。

理屈っぽく言いたくはないのですが、「似合っているね！」は説明しづらい感じを良い表現やフレーズでまとめた結果の言葉、という感がありますね。
実際、似合う理由を言葉で説明できる美容師は少ないと思います。どこが？と聞けば「シルエットが」とか「長さのバランスが」とか「色が似合ってる」などと応えてくれそうですが……具体的なことには触れられていない。

だからチャンスでは？それを伝えられる美容師は素晴らしいかも。

方法はある。
髪質や毛量からくる理由から、どうカットしたか？どうセットしたか？カットした長さをどこと調和させているか……これらを具体的に説明できるようにすれば、「似合う」の説得力が上がるのではないでしょうか。

第四章
カットの力を高める

シンメトリーとアシンメトリー

そもそも人間はシンメトリーにできていない。
心臓の位置や顔のパーツの位置なども左右で違う。なぜなんでしょうね？
花や昆虫には完全なシンメトリーがあるというのに……。

人間はアシンメトリー。
それなのに、カット技術の習得におけるベーシックではシンメトリーを探求する。
技術の向上においても、シンメトリーを切れることが先に求められる。
まずは完成美を叩き込む……。

これ、果たしてどうなのか？

カットのトレーニングは、カット練習用のウイッグで学び、練習します。

人間の条件とは明らかに違う。逆に言えば、ウイッグだからこそ、ベーシックな技術でシンメトリーを学べるとも考えられます。

人のためのヘアデザインは、骨格やつむじの毛流などの影響で、アシンメトリーになりやすい。そういった自然な状態を意識することで、シンメトリーも見えてくるものです。

まずは人の素材が起こす髪の自然な流れやボリュームなどを感じ、見極めること。
そしてどうなりやすいかを判断し、結果シンメトリーに見える。これが正解。

ベーシックとは、
こうした判断力を鍛えるための、シンメトリー追求なのかもしれません。

ただし、シンメトリーにエンドレスに向き合うと、
深い沼に落ちていくこともあるので要注意ですよ。

人の真似が上手い人

最初は誰でも何でも人真似です。

ギターを手に入れて弾き始めた頃、憧れのギタリストの曲を必死にコピーしたものですよね。スポーツでは憧れの選手のプレーや動きを真似てみたり。

大抵、そうした強い憧れが、その世界に入り込む動機になります。

趣味が高じてプロになる人も、そんな背景が多いはず。

稀《まれ》に、聴いただけで弾けたり、見ただけでテクニックを理解できる人もいます。

そんな、真似から入って技術を身につけられる人には才能があると思う。

またそうやって身につけたものが、その人の基礎になったりするし、その段階を上がっていくと、少しずつ自分らしさを入れたくなる。ちょっとズラしたらどうなるかな？ こんなのはアリかな？ ないか～、とか。試行錯誤も楽しめてしまう。

楽しめる人は伸びます。

仕事が好きというか、本当に憧れて好きになれた仕事は楽しめるもの。真似から得たモノに自分らしさを加えていき、それが多くの人に喜んでいただけるようになれば、かなりの成長が期待できるでしょう。

最初は真似っこでも、好きでものにできたらそれが不動の基礎。

基礎技術や基礎デザインが好きになれる人は、確固たるベースを習得でき、永く仕事ができるようになれるのです。

未完成の美学

僕の中でも、理屈や理論や完成度を求めていた時期がありました。
ボブはこうでなくてはいけない。
カットはここまでできないとダメ。
完璧な仕事が絶対なんだ……。

お客さまの満足感を高めていくための、技術者としての研磨練磨の度合は天井知らず。どこまでやったら孤高の技術を手にできるのか？
そうしている時に感じました。そして見えた。

髪は動き、崩れるもの。それでも風や手グシでほぼほぼかたちが戻る。生まれる。
これこそが再現性で、ヘアデザインには絶対に必要なものだと。

これに気がついてからは、どれだけ崩せるのかと考え始めました。
そして、未完成なものにこそ美学があるのではないかと思い至ったわけです。

崩れてもなお美しい……。

これを叶えたのがツーセクションカットだったのです。

無意識こそ覚醒

意識して頭を使い、体を動かしているうちは、やる度に結果が変わります。
でも始めのうちは、考えて考え抜いて行動し、成功したり失敗したり、その繰り返しの中から少しずつ、優劣の幅を狭くしていくコツを見つけていくものです。

しかし、それでも満足できず、
練習や経験を重ねて仕事や技術の安定感を磨《みが》き上げていく……。

そうしていると、勝手に手が動くようになる。しかもムダがない。

この現象は、熟達した職人や芸術家の所作《しょさ》にも見られます。

僕ら美容師も、お客さまの髪質や骨格を無意識のうちに捉え、無意識のうちに次の段階、つまり再現性が高く、その人に似合うヘアデザインをつくろうとします。

その無意識にという領域こそ覚醒《かくせい》。

そうなると、どんな素材でも触るだけで分かってしまう。

手や指が判断してくれるようになるのです。

技術的に迷ってはいけない

未熟な時期には何においても迷いが生まれる。

それは積み上げ方が定まっていない、もしくは自信がないからです。

技術の大切な部分を闇雲《やみくも》に、数で積み上げようとしていませんか？

そうではなく、ひとつの重要な基盤を見つけることや、その性能を習得することが基本なのです。


ヘアデザインを、トレンドが変わるごとに覚えるのではなく、トレンドが変わっても対応できる基本の基《もと》をしっかり見つけ、身につけましょう。

シャンプーの練習をしている段階から、カットできるようになった自分の姿をハッキリとイメージしましょう。

それと同時に身体の使い方やポジションを意識したり、多くのお客さまの髪に触れていろいろな髪質を知る、分け目やパートの違いを判断できるようにする、コームやハサミの基本的な持ち方、扱い方、使い方を理解する……。

こうしたことの判断や、センスの基準となる基《もと》をまずは身につけましょう。

さらに意識しなくても身体が動くようなルーティンが身につくまで反復する。

これが迷いをなくし、自信が持てるようになる方法です。

僕は若かった頃、店や家のトイレに入っている時でもハサミを握っていました。

何をする時でもハサミの開閉はできます。それだけでも違うのです。

お客さまのためにも自分のためにも迷ってはいけない。

自信の持てない仕事に価値はない。
お客さまに支持されることもないのです。

考えなくともできるようになる。
それには技術の基本・基礎・基盤を身につけることが重要なのです。

小松 敦の一問一答④

問　美容師を辞めたいと思ったことはありますか？

答　ありませんね。

でなければこの歳までやっていないでしょ。でも、僕も最初の頃は美容師に向いてるのか、才能があるのか分からなかった。だから自分をだましてました。「お前は才能ある！ だからスタイリストになるまで絶対に諦めるな！」って天使の声で（笑） 技術や感性など、常に成長できる美容師は、一生かけてできる仕事です。

ツーセクションカット

僕がツーセクションカットを発表したのは1996年くらい。約20年前ですね。『HAIR MODE』誌上でレイヤー・オン・レイヤーという、上下の組み合わせでデザインを考える概念を解説したのが最初です。

グラ・オン・レイヤーやグラ・オン・グラなど、ツーセクションカットはオーバーとアンダーの組み合わせやラインの設定、ウエイトのコントロール次第で無限大のヘアデザインを構築できる概念として発表し続けました。それが2001年の『ツーセクションのすべて』出版につながります。

ツーセクションカットは、ディスコネクションを取り入れることもあるせいか、特別なヘアデザインを生むための概念でありテクニック、というイメージを持たれやすいかもしれません。

しかし僕が考えるツーセクションカットはサロンワークのためのもの。

サロンワークにおいて迷いがあってはいけない。

仕上がりのイメージに向かって一気にプロセスを踏む。アンダーとオーバーの役割や効果を理解し、レングスバランス、フォルム、ウエイト、ラインといったデザイン要素を描くことができれば、ムダなくデザインを構築できるテクニックです。

また髪質や毛量なども的確に判断し、積み重ねていくイメージです。

さらにつなげないというアプローチも加えれば、それこそ無限のデザインベースをつくることが可能です。骨格補整が必要な日本人の条件にもハマる、ある意味無敵のカット技術なのです。

作業の時短にもなり、ライブでデザインできるツーセクションカットは、日本が生んだカットの概念と呼んでも良いと思います。

これからもスタンダードなベーシックカットとして波及し、派生し、広がっていくことでしょう。

ツーセクションカットは、メイドインジャパンなのです。

小松　敦の一問一答⑤

問　やはり売上げにはこだわるべきですか？

答　ある時期は徹底的にこだわるべきです！

これからは、長くサロンワーカーを続ける人が多くなると思う。そのためにも、美容師としての魅力と能力を鍛え続けていかなければいけない。自分が働く地域でより多くの人に必要とされる喜びを感じるため、ただ単に食べていく理由以上に、将来のためにもです。30代で、特に支持を集めて稼げば、もっと美容が好きになれます。

指一本分の宇宙

カットが好きな美容師さんには、ボブが好きな方が多いですよね。

もちろん僕も大好物です。


なんと言ってもラインの切り口です。

完全なるワンレングスは、全くグラデーションがついていないバウムクーヘンのような切り口で、水平に、木の年輪のような形状にカットされます。

コレがひとつの理想形。ただし髪質が素直な直毛で、なおかつブロードライが完璧じゃないと実現されません。

この完全なるワンレングスボブは、技術の習得において重要な指針になります。目線の高さ、正面で対峙《たいじ》する、ハサミの安定、肘《ひじ》の安定、ノーテンションコーミング、フリーハンドカットなど、流派を超えた基本的な技術が満載。ちなみに僕のワンレングスカットの基本は、パネルを持たないフリーハンドカットです。


それでも最近は、指でパネルを持ってボブを切ることも多いです。

これは現代のサロンワークにおいては必要な技術。

多様な条件のお客さまをカットする上で、素材をどう判断するかがすごく大事。

すべては脳で考えることなのでしょうが、職人美容師は手や指の中で素材を感じ、パネルを引くテンションや持つ角度などの条件を判断するのです。


僕はその不思議な感覚を指一本分の宇宙と呼んでいます。

人差し指と中指で、パネルを持った瞬間に髪の量やクセなどを感じ、次の瞬間にはライン設定とテンション感を判断して、グラデーションのつき具合を決めます。

もちろん経験からくるものです。

毎日真剣にカットに臨んでいれば、自分自身のクセや特徴を、ボブの仕上がりに生かせるようになります。


僕は、自分がカットしたボブが好きです。

最近は少し前下がりのラインでバックにグラデーションの丸みをつけた、女性らしいやわらかさと、少しクールでエッジの効いたボブが特に好き。

ボブカットの技術を突き詰め、ボブスタイルの魅力を感じていることが、似合わせる力につながってくると思います。

皆さんはどんなボブが好きですか？

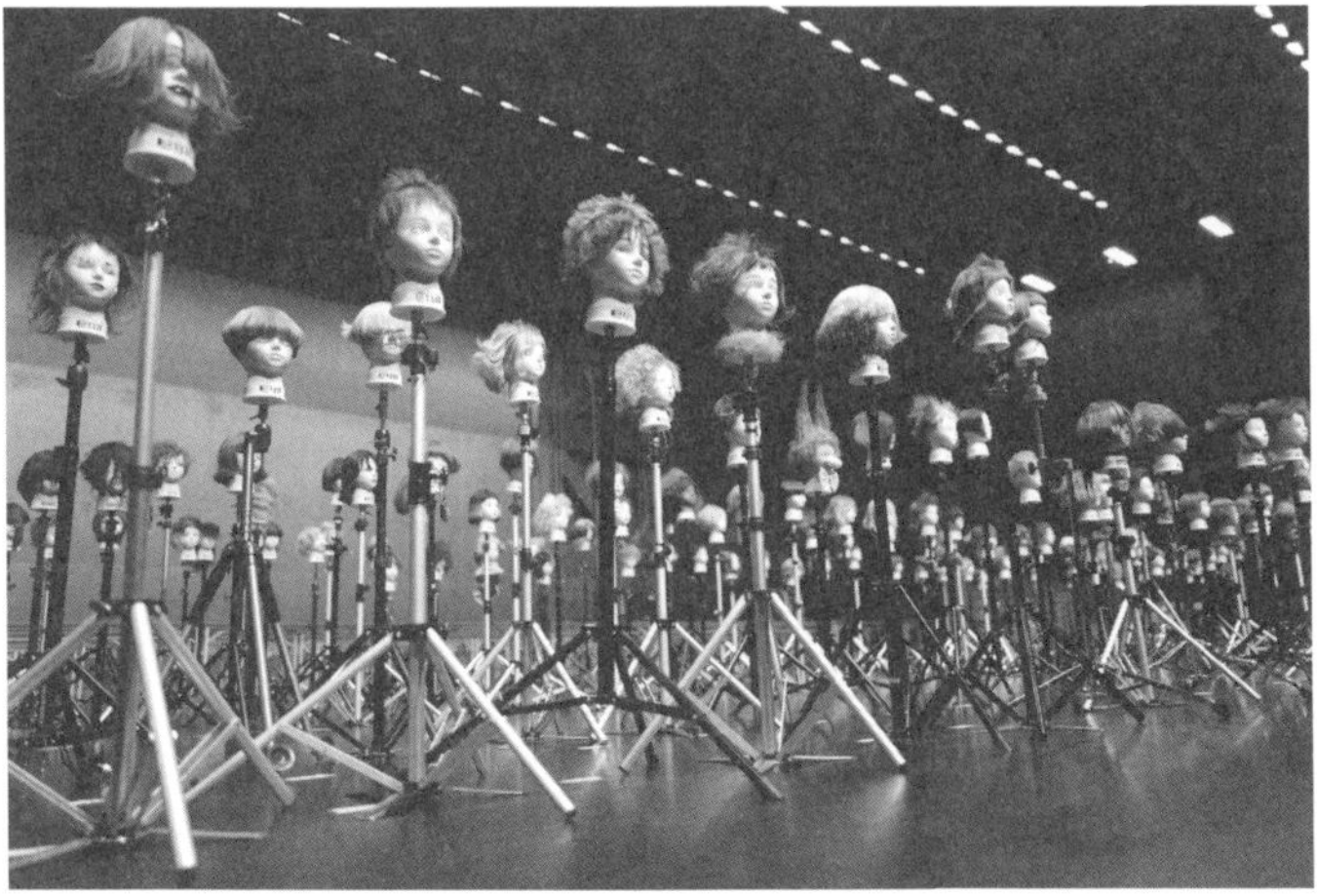

渇望と覚醒

シンプルな考え方や方法論こそ、最も応用が利く。
バリエーションばかりやっていても、ちっとも上手くならない。
上手くなりたければ、何歳になっても基本の反復練習に徹する。

ヘアデザインを生み出すためには、技術とデザインの核となるモノを持つべきです。その核とは、大好きな女性像だったり、ヘアデザインを組み立てやすくする技術だったり、ほれ込んだスタンダードデザインだったりする。
あのファイブポイントを切ってみたい！ジーン・セバーグのショートが大好き！

どんな条件でも対応できるカットを習得したい！　そのためには何を徹底的にやるべきか？

また、ヘアデザイン、カットが上手くなるためには、まずは上手くなりたいと心の底から欲求する感覚が必要です。

同期で1番になりたい！　早くデビューして親孝行したい！

小松よりカットが上手くなりたい！　と強く渇望《かつぼう》するのです。

渇望できることが才能を呼び起こす。これが始まり。

そして、その単純で重要な核を見つけた時が、覚醒《かくせい》する時です。

あとは勝手に成長していきます。

カットが上手くなりたい。そのために必要なベーシック技術やスタンダードデザインを、自分なりに徹底的に極めることをおすすめします！

水平垂直を身体に染み込ませる

まっすぐ立ててますか？

意外に姿勢が曲がっている人は多いものです。そうなると水平も捉えにくいし、曲がったまま水平を意識すると、さらに姿勢を歪《ゆが》めてしまったりで、パネルを持つ手の角度でその都度調整することになってしまいます。

沢山の経験で、その調整を勘で行なうベテラン技術者がいるのも事実。ただ、そうした経験値を上げるには、いろいろな素材に対応するなど膨大な時間が必要になるし、それまではかなり不確実な仕事をしているということになってしまいます。

カット習得の始めの課題はワンレングスボブが多いです。
まっすぐな水平ラインをカットすることが課題です。
基本中の基本ですが、実はこれが最も難しい。

毛質や骨格などで仕上がりが左右されるし、長さによっては頭をまっすぐにした状態でのカットも困難。そういう時は頭を傾けていただいたり、まわしていただいてのカットになります。こうした状態でも水平垂直ラインをしっかり想定できるか。
それが仕上がりのまっすぐ度合を大きく左右するのです。

まずは自分自身がまっすぐか？　またカットする頭に対してまっすぐな線が描けているか、そういう意識や確認の作業を身体に染み込ませる。さらには意識せずにその状態をつくれること。これが上達への一歩です。

この、意識せず、考えず、身体が反応する、という状態が究極の目標です。
傾いた状態でも無意識に対応して、水平垂直を見出せるようになれるかです。

ヘアカットの世界では、ボブのカットが上手い＝カット上手、とよく言われます。

上達の最初のポイントは、自分や素材の傾きを感じ取れる能力と記憶力の開発。
床に対してまっすぐに立つ。その目線で床と平行な水平、90度の垂直。
これらを頭部へのバランスイメージとして身体に染み込ませる。
そうすれば、頭を傾けても水平ラインと垂直ラインはイメージできるはず。

コレを「水平垂直の定義」と言います。覚えておきましょう。

小松 敦の一問一答⑥

問 自分のサロンのスタッフに望むことは？

答 デザインする楽しさと売れる喜びを同次元で感じてほしい。

つくる楽しさと支持される喜び。この2つを同時に感じられるようになることですね。そのためにも、自分自身やサロンがこの世界で必要不可欠な存在であり続けられるよう行動してもらいたい。もっと美容を好きになって、もっとオシャレを楽しみ、自分らしいヘアデザインを生み出し続けてほしいですね。

髪を櫛で美しくとかせるかが大事

一度で髪の分け目、パートを取れてますか？

つむじのスタイリング、できてますか？

ついついカットだけに夢中になっている美容師、多いです。もちろんカット技術の上達はとても大切なことなのですが……。

デザインする上で、「素材をどう見るか？」や「素材から何を見出すか？」はとても大切。髪質や顔立ち、プロポーションなど、お客さま、モデルさんの「素材の要素」は、似合わせを考える上で重要なファクターです。

ウイッグでのデザインは別として、素材に対して無理あるデザインは評価されない。

そういう意味でも、シャンプー後に櫛《くし》（コーム）でその方の自然な分け目やつむじ、生え方を考慮し、髪の落ちる方向に沿ったシェーピング、スタイリングを一度でできる観察力と感受性を高めましょう。

カットプロセスの最中でも、パネルをカットする度、必ずコームでスタイリングして、その状態がイメージ通りか、素材に対応できているかを確認する。さらに何度もいろいろな方向にスタイリングすることで、再現性の確認ができます。これ重要です。カットとその直後のスタイリングはワンセットなのです。

アシスタントの方は、お客さまのシャンプー後、必ずコームで丁寧《ていねい》に毛流れなどを見ながらパート取りをしましょう。それがカットの勉強になり、優秀な技術者になる始めの第一歩となります。

カットのトレーニングは、髪を丁寧にとかすことから既に始まっているのです。

お客さまからみた上手い、美容師からみた上手いとは

もちろん双方の一致がベスト。しかし意識する部分が違います。

美容師は、サロンでのヘアスタイル、つまりできたてのヘアスタイルの仕上がりが完璧かどうかで上手さを評価しがち。自分が思い描いたイメージを、１００％実現させたことに満足感を持つ場合が多いと思う。

うん完璧だ！　と……。それは間違いではありません。

もちろんお客さまにすごく似合っていることが最低条件ですが。

一方、お客さまは自分で感じる手入れのしやすさや、髪が伸びても乱れない、他人からほめられるといったことでも「上手！」と感じるものです。美容師の「上手い！」と少しタイムラグが生じるわけですね。

またお客さまはカットのリズム、ほどよい圧や心地良いリズムのシェーピングとそのスムーズさ、さらにはそうした所作《しょさ》を保つ安定したフォームなどにも気持ち良さを感じます。職人的な手際、手さばきや、ハサミの音のリズムなど。

それとは逆に、パネルを引き出し直したり切り直したり、同じところを何度も触ったりするような手離れの悪い仕事、雑に感じさせてしまう仕事は、迷いなどといった美容師側の心情までもお客さまに伝えてしまいます。確実に。

スライス取り、パネルの引き出し、カット、スタイリング、確認という一連のプロセスを迷いなく、心地良いリズムで行なう仕事。

そしてその美しい所作は、もうそれだけで極上の接客サービスです。

コレ、本気でそう思います。


ですから、余計な会話術より、心地良いリズム感を持ち、気持ち良い所作でお客さまに対応することが、僕らにとって本質的な接客術の一部と言えるのです。

カットで言うと、速さよりリズムのほうが大事だと思う。そしてリズム感はデザインまでも生み出すのだと僕は考えています。

とにかく迷いがない、よどみなく一気に終わる仕事は、結果的にスピードがあり、
技術者にとってもお客さまにとっても気持ち良いものになるのです。
ただしカット技術の正確性や、似合わせ上手であることが大前提。
その上で、自信を持って迷わない！
潔《いさぎよ》い、美しい仕事ができるように、
自分のリズム感を意識し、手離れの良い仕事を心がけましょう。

読むだけでは上手くならない！

え!? って感じですよね。ごめんなさい（笑）

文字を「読むだけ」では上手くならない。読むと同時に「絵」を描くイメージトレーニングをしたほうが脳内にうまく残るよ！ってことです。

脳を鍛えることは美容師にとっても大切。

感覚的に絵やイメージを描き、それらを言葉や会話に反映させるのも必要です。技術の習得においては、先輩の技術を見て覚えたという人、デザインや技術の人真似が得意だという人、独学でやってきた人など、さまざまなタイプがいます。

ただいずれのタイプでも、カッコいいデザインを思い描いたり、映画で見た女優のかわいらしさや理想とする女性像をイメージする時には脳を使い、また目指す仕上がりに向け、ハサミを動かす時にも脳を使います。

ここでお話ししたいのは、イメージトレーニングの重要性です。

極端かもしれませんが、技術論よりイメージトレーニングのほうが大切です。そこに力を入れれば、最短でのスキルアップにつながると思います。

技術に課題があってもイメージトレーニングはできます。先輩の仕事を漠然《ばくぜん》と見るのではなく、先輩に自分を重ね合わせ、自分がカットしている姿を後ろから見ているようにイメージし、仕事を見させていただく。

または好きなヘアスタイルをじっくりと観察し、後でそれを描けるくらい自分の脳内に焼きつける。つまり脳内にファイリングするような感覚。美容専門誌やファッション誌などで見つけた好きなヘアデザインを、言葉を添えてしっかり脳内に焼きつける……。こうしたこともイメージトレーニングになるのです。

自分の好きな女性像をイメージする、映画のワンシーンを忘れない、好きな音楽シーンのカッコいいアーティスト像を思い描く、雑誌を切り抜いてブックにする。イメージのストック、ファイリング、イラストを描くなどは、ヘアをデザインする上で、大切なイメージソースになり、トレーニングの土台になります。

大切なのは、記憶力の強化。ただしすべてを記憶する必要はありません。自分の好きなビジュアルを物理的にまとめたり、脳内にストックするのです。

それに加えて自分が成長したイメージを描くことも必要！

上手くなって堂々としていて、たくさんのお客さまに慕われているような、成功したイメージを具体的にずーっと脳内に持っていれば……メンタルもコントロールでき、いつか必ずそうなっていくものなのです。

コツコツ繰り返すことです。

この本を読みながら、同時に将来の自分をしっかりとイメージする。
そうすれば、そのイメージが脳へダイレクトに入力されます。
そのイメージがスキルアップにつながっていくのです。

日頃からやっていないことは、ここ一番でもできない

つまり、すべてはそういうことです。

サロンワークでもコンテストでも、急に思いつきでつくろうとしても、切ったことがないヘアや、日頃やっていないヘアデザインだと時間がかかったり、やり残したり、見過ごしたり、ということがあります。

どんな仕事もそう。ピアニストは毎日弾く、プロゴルファーは毎日クラブを振る、お相撲さんは毎日四股《しこ》を踏む。ここ一番のためにも、基礎の反復が大事です。

暇な美容師はドンドン下手になる。

今日は忙しくなかったと思ったなら、ウイッグを一台カットしてから帰りましょう。明日のためにも。そのくらいしないと本当に腕が落ちる。

コンテストやヘアショーでも、つくったことがないデザインなら、完成度が低くなるのは当たり前。日頃からイメトレをして、ウイッグで練習して鍛えましょう。

意外にそこまでやっている人は少ないものです。

すべては経験と積み重ねです。

小さな努力の積み重ねがすべてなのです。

人とは違う自分らしいカットデザイン

毛質や骨格などの条件に合わせてカットし、一定のかたちにできる人。
一定のプロセスでカットしても、条件によって仕上がりに違いが出る人。
この違いはとても大きい。単純に後者が劣っているという話ではない。

分かりにくい話かもしれないが、知っておくと今後に役立つと思います。

どんなにカット講習に行っても憧れの美容師と同じ仕上がりにならない。
それは当然で、意味があることなのです。

同等の腕前の美容師が、同じ練習用のカットウイッグでグラボブを切るとする。基本的に同一条件で、同じプロセスでカットする。しかしながら、仕上がりのバランスやフォルムに違いが出る。そこにスタイリングが入ればなおのこと。

これは同じ教育を受けたスタッフ同士でも、仕上がりのデザインに違いが出るのと同じ現象です。

長く多くの美容師さんを見ていると、そうした違いは手や眼などの身体的特性からくる違いではないかと思う。

「指一本の中の宇宙」と前に述べたことがあります。

ハサミの開閉より、パネルを持つ手の指の圧や、微妙な指の隙間《すきま》の違いで変わるパネルの角度など、カットする人の骨格や関節の違いが要因となり、仕上がりに違いが出るケースが多いと思います。

カットが上手くなるには、いち早く自分の特性に気づくことが必要です。安定したカットができるためには、美しく正しいフォームや丁寧《ていねい》な所作《しょさ》も重要であり、それらは意識しマスターしなければいけない項目。

前上がりになりやすい、アシンメトリーになりがちなど、自分の身体的な特性やクセに、素材の条件を加味した仕上がりの傾向を分析して、コツコツと習得していくこと。その積み重ねが、ネガティブな部分も含め、良い意味で「自分らしいカットの習得」につながるのです。

ほかの人とは違うカットデザイン。

素材の条件や特徴を意識しながら、自分の特性を生かしたカット技術が自分らしいヘアデザインを生んでいくのだし、それで良いと思います。

それが見つかるまで、じっくりと積み上げましょう。

いかにプロセスを簡略化するか

何よりもお客さまに「安心して任せられる」と感じていただくのが大切です。

そういう意味でも練習して経験して判断力のスピードを上げましょう。

要は感じる力を高めていくということ。教えられるのを待つだけ、同じプロセスを繰り返すだけではダメ。常に進歩的に、自身の成長に意欲的で、なおかつ楽しめることが大事です。

そのために必要なのは……

◯道具の正確な使い方をマスターする　◯髪の扱い方に愛情を持つ　◯結果を後まわしにせず一度で決める意識と習慣を持つ　◯美しいフォームと頭に対するボディポジションを安定させる　◯経験による条件対応を明確化して積み上げていく

これらを意識し続ければ、パネルを沢山とってカットしていたのが少ないパネルでもできたり、似たような髪質条件の方のカットに迷いがなくなったりします。結果が読める部分は簡略化し、判断や作業のルーティンを明確にする。その上で、再現性のあるヘアデザインを提供し続ければ、効果と自信が必ず生まれるはず。

そうなれば、今まで以上にデザインにエネルギーを注げるようになり、コミュニケーションを深める余裕も生まれ信頼感も高まることでしょう。

すべてにおいて、シンプルこそベストなのです。

第五章

成長していくために

まず、タフであること

美容師はセンスがないと人に訴える要素に欠ける……。
もちろんセンスが良いことは非常に重要。
しかしそれ以上にタフでなくては上がって行けない。
体力だけのことではない。
仕事をしていれば誰でもいろいろある。
気づけないことや劣っていることを指摘されたり、
時には信じていたことを否定されたりもする。

どうしてもネガティブな意識になってしまうでしょう。
落ちた自分も情けない……。

そんな時は、いやいや自分はタフだ！ と自分に言い聞かせること。
ポジティブな気持ちに変われる柔軟な心を信じ、考え過ぎないようにすぐに動く！
とにかく動く！

『HEAVENS』のモットーは「ポジティブ、アクティブ、フレキシブル」です。
前向きな行動力で柔軟性を持つ、です。

成長し続ける上で、センス以上に大事なのは、精神的、体力的にタフであること。
僕が知っている一流人は、皆そういう感じです。

実行されない実力

才能がある。この言い方は何だか曖昧《あいまい》な気もする。

大きな結果が出ているのなら理解はしやすい。でも才能というのは努力すれば身につくものなのか？ もともと持っているものなのか？

たとえどちらだとしても、すべての人に可能性はあるはずです。

ただ、自分に才能があると自覚するのか、他人からそう言われてそう感じるのかでは、かなり意味が違ってくる。自分では分かりにくいけれど、どちらのタイプか判断できたほうが、成長するためにも大切だと思います。

「結果は別として、実行されない実力はないのと同じです」。

これは僕のセミナー（特に母校・日本美容専門学校での）の中で、頻繁《ひんぱん》にお話しさせていただく言葉です。

結果はどうあれ才能があっても行動、実行しなければ意味がないということです。

もうひとつ、学んだり感じたりすることがあったら、必ず出力することも大切。

言葉で表現したり、すぐに行動する習慣を身につける。

この出力学習こそが脳を活性化させます。

つまり、才能より行動し出力するほうが重要だということですね。

コツコツと

「あなたは自分の10年後のイメージを描いていますか？」

という質問、よくありますね。

描いていないと、聞き手にダメな感じに受け取られてしまいます。

でもそんな先まで見えるか！ 今で精一杯だ！ 僕も以前はそう思ってました（笑）

それでもいいと思います。今を精一杯がんばればいい。

しかし何かの弾みがついたり、上昇カーブのレールに乗れている感じがしたら、その先を描けるようにして、成功のイメージを持つことも大切です。

未来を描く時は、頭の中で自分の姿をビジュアルとしてイメージしましょう。
どんな服を着ているか？　どんな立ち居振舞いか？
どんなトーンで何を話すのか？　どんなことができているのか？
そういったことを描けるようになると、未来予想図は具体的な目標になります。

そして、目標達成に向けて今は何をやり、何を我慢するのかを決めて、ルーティンな行動様式をコツコツと繰り返し行なうのです。壁や失敗は気にせず、ただただ未来へ歩めばいいのです。そうすれば、小さなこと、細かなことが気にならなくなり、自分の描いたことを信じられるようになります。

自信とは、言葉通り「自分を信じること」。
ノッてきたら、未来の自分をイメージし、コツコツから加速していきましょう。

単純な理論にする

理論というだけで、複雑で難しい気がする。
僕も理論派と見られる傾向があるが、実はそうでもない。
単純かつシンプルで、誰にでも分かる基準や価値観が良いと思っている。

それは教育に関することだけではない。
普段の生活や心構え、経営についてもそう。
複雑なシステムや考え方は、ややこしくて伝わりにくい。

ものごとを永く続けている人や、優れた人の習慣などは、多くの場合、シンプルな考え方とルーティンによって支えられています。
そんな人たちに、日頃気をつけていることは何かと聞けば、意外なほど簡単で単純な答えが返ってくるでしょう。

成長している過程でも、成し得た時期でも、必ず振り返り、確認する時がある。
そんな時にいつでも思い出せる、実行できる行動と考え方が「型」になる。
この「型」さえ身につけられれば、ブレることはない。

ひとつのことに徹底し、習得すれば、必ず卓越したものが身につくはずです。

目撃者であること

センス良く生きたいものです。

それには自分の中で何かの価値を積み重ねていくことが必要かもしれない。

その初歩は、親や環境の教えに始まり、友人や先輩から影響を受けたり、カルチャーから何かを感じたり、美容で言うと素敵なヘアデザインのイメージをたくさん脳裏に焼きつけたり……。


好きな女性像やカッコ良いと感じるヘアデザインを、穴があくほど観る。

さらに深掘りしてその理由を探す。

つまり何かしら行動しないと、センスなんてのは高まりはしないんでしょうね。
黙っていては、止まっていては磨《みが》かれようがない。

身近なところでは、美容専門誌やコンテスト、セミナーで、
素晴らしいヘアデザインや技術の目撃者であることも必要です。
受け手側、見る側だったとしても、
そこには目撃者としての可能性が生まれ、始まるわけですから。

休日に寝てばかりいてはいけません。
街に出なさい。人に会いなさい。オシャレを楽しみなさい。
そして目撃者になりましょう。

コンテストの価値

ここ最近、各種各地のコンテスト審査員を担当させていただいております。メーカーさんやディーラーさん、さまざまな美容団体が主催するコンテストは、毎年各地で沢山開催されています。

正直に言うと、僕自身、もともとはコンテスト否定派でした……。それがスタッフ育成のための社内コンテストを開催していくうち、チャレンジの必要性を強く感じるようになりました。また外部のコンテスト審査を担当するにつれ、がんばっている人たちの熱量や、多くのヘアデザインに刺激を受けるようにもなりました。

かつて否定派だった理由は、コンテストでつくられるヘアデザインにありました。どうしてもサロンスタイルとかけ離れ過ぎている気がして理解しにくかった。リアル感がなく、トレンドとも関係ないデザインが多過ぎると感じていましたが、それでもその中から受賞者が出るのです……。

審査員としてさまざまなコンテストに関わらせていただき、要望や方向性などについて関係者の方々ともコンセンサスを取れるようになり、時間がたつとともにコンテストに参加する人たちの意識も変わってきたように思います。

感性がよりリアル志向になってきて、コンテストにおけるヘアデザインの方向性が変わってきている。

現在は、僕も提唱しているリアリティブなデザインが多く見られるようになり、サロンワークに生かせ、集客にも反映できる表現力につながってきています。

読者の皆さんの中には、コンテストとは無縁なサロンで仕事をしている方々もたくさんいらっしゃるでしょう。実際、コンテストに参加している美容師は、全体の5％に満たないとも言われています。

確かにコンテストに出なくても食べていけるし、ほかの勉強や活動をしている美容師も多いと思います。すべての美容師に絶対に必要かは分かりません。

でも、若い美容師の教育の場を求めていたり、新鮮なヘアデザインを発信し続けることに重きを置いているサロンだったら、参加するのはもちろん、観るだけでも必ず何かしら感じられるはずです。以前は、僕自身が同じような立ち位置からコンテストを見ていた経緯があるからこそ、そう思うのです。

そのためにも、協力的なメーカーさんやディーラーさんとの情報交換を大事にしましょう。

僕がこの業界を見渡す限りでは、コンテストに参加するサロンに繁盛店が多くなっているし、そこで活躍している美容師は、お客さまも多い傾向がハッキリある。

まずは観に行ってみてはいかがでしょうか。おすすめします。

ベーシックに徹する教育

最近は早くスタイリストデビューさせる傾向が強いです。
そのために、どんどん技術メニューを教える。
美容学校の要望や求人対策の部分もある。実際は教えるというより講習会に近い。
完全に習得する前に次の授業を受けることになる。
自動車学校のように学科と実地を同時に進めるような方針。
日本は国家試験で美容師というライセンスを明確化しているからまだ良しですが。
お客さまの側から技術者、スタイリストという意味を考えると不安になります。

お客さまは、僕らをプロフェッショナルだと信じて来店する。

プロフェッショナルとは？　自問してみてください……。

卓越した技術とセンスで、お客さまの要望以上に似合わせ、

再現性のあるヘアデザインを提供し続ける美容師、といった感じでしょうか。

プロフェッショナルな美容師。

それはさまざまな技術の基本を完全にマスターした美容師のこと。

だから枝葉とも言えるトレンド技術だけでなく、

幹《みき》となるベーシックな型づくりに徹する教育が大事。

それは迷った時、壁にぶつかった時に振り返り、

立ち戻れる揺るぎない基本、基礎を身につけるための教育です。

自分の幹となる技術が持てればこそ20年、30年と長く美容師ができるのです。

愛しのウイッグちゃん

たくさん勉強、練習した美容師なら、どれだけの数のカットウイッグちゃんにお世話になったことか……。

僕も今でも年に数台は切ります。僕がショーなどのバックヤードにカットウイッグを持ち込んでいるのを見かけたことがある方も多いのでは？

同じ型番のカットウイッグでも、微妙に顔が違うし、生え方や毛量も異なります。当日ウイッグを渡されるカットコンテストなどでは、当たりはずれみたいな現象も起こるでしょう。しかしサロンワークこそが、そういったことの連続なはず。

だからこそ、不動の心を持って臨みましょう。

まずは丁寧《ていねい》に扱い、きれいにコームでとかす。愛情を持って接するのが大事。そういう所作《しょさ》が売れっ子の条件でもある、丁寧な仕事につながります。

髪をつかんで持つ、転がっていても気にしない、コームが耳にあたる。そういう人はダメ。使用済みのウイッグもきれいに棚にならべましょう。道具やモノは目的通りに使うべき。壁は寄りかかるものではない、カウンターは肘《ひじ》をつくためのものではない。それと同じ。

またお店や自分の中のいろいろなルールには必ず理由がある。なぜそうなのかを考えてみましょう。そこには原理原則と言える要素が詰まっているはずです。

ウイッグちゃんに愛情を持てれば、きっと素晴らしい売れっ子美容師になれる。

愛だよ、愛。

素材を生かす？ 導かれる？

どちらもありです。

経験値や時期で違ったり、今大事にしたいことが反映されたりします。

ただ、これがお客さまからの評価となると、またいろいろあります。

僕は、素材に導かれるヘアという感覚が望ましいと思う。第三者から「かわいいね」とか「似合っているね」と言われるヘアは、再現性が大きなウエイトを占めるケースが多いように感じます。

なぜならそれは、僕らが意図して仕上げたヘアに対してではなく、多くの場合、本人が仕上げた状態での評判だからなのです。
そういう意味で、結果的には素材に導かれているのではないかと。

こうした良い評判を叶えるには、美容師側が得意なデザインや技術などに、ハッキリとしたスタンスを持ち発信すること。そうじゃないと、自分たちがどう提案するべきかがブレブレになり、お客さまの理解も得られない。

スタッフを含め、サロン単位でもデザインのスタンスは必要です。

あなたのサロンは何が得意ですか？
それをスタッフも共有していますか？

そういった技術、デザインのコンセプトがあってこそ、素材に導かれる、素材を生かすという感覚が養われるのです。テクニカルな部分だったり女性像だったり、何かしら共有できる「秘伝のたれ」的なものがサロンに生まれてくることでしょう。

飲食店でも、今日仕入れた魚の鮮度はどうか？　味はどうか？　どんな料理法だとより美味しく提供できるか？　こちらのお客さまには何がおすすめか？　などと考えるはず。そういった提案の基準として、素材の状態はしっかり見極めなければいけないものなんです。

毛量や毛流れに無理をかけると再現性は落ちます。「似合っている」という評価を得ることは難しくなります。

髪が動きたい方向や、落ち着きたい状態でつくられる髪のフォルムを感じ取る感性も、似合わせやデザインを発想するためには大事なのだと思います。

とにかく素材の様子をしっかり見て、感じること。
お客さまとヘアのコミュニケーションをとることからすべてが始まるのです。

悔しさを味わう

負けを知る。
それが成長には必要だとする考えがある。
だからといって、何も進んで負ける必要はない。
されど人生に全戦全勝なんてありません。
負けを認める、ということも大事なんだろうね。
悔しさはバイタリティになり、いいライバルは生涯の友になる。
これは間違いないと思います。

ちなみに負ける理由とは、そもそも実力的に到底かなわないということ以前に、大抵は自分の準備不足が大半を占めるものです。予想や想像以上のことが起きると考えもしない。何とかなると思っている人が多いと思う。本来何とかなるっていうことは、それなりの努力をしてきたから得られるのです。

悔しさを味わった、味わえたなら、次につなげる心と体とモノの準備を怠《おこた》らないことです。しっかりと負けを認めれば、自然にそれができるはず。

そして、それが人を成長させるのです。

怒りのほこ先

昔の若者は怒りに満ちていました。政治や社会に怒っていた。

中には火炎瓶を投げたり、ゲバ棒（※ゲバルト棒。左翼団体などの活動家が用いる角材など、棒状の武器）を手に立て籠もったりする人もいた。

僕も実際にはあまり知らない時代の話ですが……。

それ以降も、音楽やアートや映画では、
反体制的なものが多くてドキドキしたし憧れた。
そうした怒りはカルチャーを生んだと思います。

怒れ！　というわけではありません。でも、強いものに向かっていくことや、反論するために自分を磨《みが》くスタンスとかがもう少しほしいと時々感じる。

僕もメーカーやジャーナルとやり合いました。もちろん遺恨《いこん》などなく建設的に。

クソ！　もっとこの人たちから重要視される仕事をしてやる！　とか思っていました。


ヘアデザインだって保守的なスタンスではなく、全体の流れに反発し、トレンドと全然違うものを打ち出すのも楽しいものです。何かみんな仲が良くて迎合し合い、みんな同じほうを向いている気がして……。変な感じがするんですよ。


昔はみんな仲が悪くて別のサロンの人とは口もきかなかった。それが良かったとは全く思わないけど、何となく周囲に合わせて生きていくのも何だかなぁ。

自分の美容の理想を持って挑む姿勢も青春です。

センスとは?

簡単に言うと「気づき」だと思う。
何もファッションやアート的な感性が優れている、ということだけではない。

いろいろな準備で用意するべき小さなモノやコトに気づくこと、忘れないこと。
危機管理的に先を予想して動けることや、大事なことを忘れない感覚。
また判断を言葉にできたりすぐに動けること。
言葉の選び方にも、そういう行動を背景にしたセンスが大事だったりします。

サロンワークで言えば、これからパーマやカラーに入る時の準備を、お客さまやスタイリストごとに忘れない、など。

もしかしたら不意にコレを使うかも！と思い浮かぶ感覚や気づき。モノを置いたり立てかけたりする時、倒れて大きな音がして迷惑にならないか？誰かが引っかかったりつまづいたりしてしまわないか？そんなふうに気づく力なのです。

デザインにおいては、もっとできること、もっと映える方法に気づけるか。

自分の技術力で可能なデザインや、やるべきこととやってはいけないことの判断を間違えない力。

ファッション的には自分に似合うものや、人にどう感じてもらえるか、見せられるか。また、それによって自分のイメージ的な存在を描けるかです。

自分しか見えない人や周囲に気配りできない人は、自身の判断を人に評価してもらうことすらできません。

全体が見える、ものごとの前後や人の評価が予想できる。

そういった力は、今自分はどんな服を着るべきか、何をするべきかという判断のもとにまでなり、プライベートの生活にも表れます。

美容師人生は、人に評価されるセンス磨《みが》きを楽しむことでもあるのです。

小松 敦の一問一答⑦

問 若い頃、今のようになることを思い描いていましたか？

答 描けてなかったなぁ……。

目の前のことで精一杯でした。夢を描こうとか、ビジョンを持とう、将来のイメージを持とうと言われるようになったのって、割と最近のことだと思う。僕らが若い頃はがむしゃら感が正義だったしね。でも今は、自分の道を描いて歩いていくほうが実現しやすいし、正しい。人の生き方も進化したんだよね。

逆を行く

何かにつけ逆のことを言う人たちがいる。政治家もそうだし、新しい価値を発信しようとする起業家たちにもよく見られます。現代は、既に蔓延《まんえん》した価値を壊そうと、あえて一般的な常識の逆をついた理論を面白がるような傾向があります。

僕もそういう視点は嫌いではないし、一理あると思わせられる時もある。

ただ、常に広くものごとを考えている人々ならいいのですが……。

危険だと感じるのは、日頃そうでもないのに突然思いつきで舵《かじ》を逆に切るタイプ。

いわばギャンブル的で、壊滅的な発想をしがちな人です。

そうならないよう、僕は日頃から両面について考えています。みんなが良しとするものは、その逆も支持を得ているかもしれないのです。

たとえばロングが流行りと聞いたなら、その時代のショートにはどんな価値が生まれるのだろうとか。そして伸ばすか切るか迷っている方がいたら、両方のメリットデメリットを考え伝え、その上で僕は切ったほうがいいと思う、と答えたり。両面を考え、理解できるからこそ分かる価値、得られる信頼もあるのです。

自分の仕事にマンネリを感じたら、違うことをやりたくなりますよね？

その時は、今のやり方の良さや、自分らしさをハッキリと自覚してから逆を行くのです。そうすれば、ブレない自分らしさを保ちながら違った魅力を出せるし、可能性を広げられるでしょう。

逆を行く。それはこの仕事の楽しさのひとつでもあるのです。

とにかく言葉に置き換えてみる

誰しも若い時は、自分の考えを言葉にすることが苦手でしょう。僕も20代の頃まではそうだったと思うし、そう自覚していました。その代わり、本をよく読んでいたほうだった気がします。特に独立した頃は、「○○文庫の１００冊」とか、それまで読んでこなかった古典的文学を和洋片っ端から読み漁っていました。

そうした経験から、やっぱり言葉を知らないと、人に何かを伝える力が弱くなる、と感じるようになりました。そして言葉こそが知識とセンスと説得力の裏づけだ、と自分に言い聞かせていたように思えます。

僕の先生や先輩は、たくさんの経験と知識を持ち、素敵な説得力ある言葉を使われる方が多かったです。そういった方々の言動は、自分の経験にも生かされました。

話が苦手でも、まずは人の話を真剣にしっかりと聞くことが大事です。言葉の一つひとつを噛《か》みしめて、自分の記憶にできれば、いずれその言葉を自分らしく表現できるようになります。人の話は真剣に聞くことです。

言葉にするのが難しい、話が苦手……。始めはいいんです。でも、なるべく言葉に置き換える習慣をつくらないと、自分が思ったことが相手に伝わりにくくなり、なかなか理解してもらえません。

雑誌でも小説でも何でもいいんです。まずは本を、文章を読みましょう。

第六章 美容師のこれから

教わること、教えること

僕らの時代を含め、かつての「教え」は「見て覚える」でした。技術も接客もすべて先生や先輩の背後から技術を「盗んで」いたのです。

お店によっては、技術者の理論やプロセスがバラバラ。教わる側は、何が良いのか分からないという環境も多かったと思われます。

それが支店を出すサロンが増えていくに従い、組織内での技術の質や教育のあり方が問われるようになって、教育の方法が統一されていったのです。

ロンドンのスクールに通う日本人美容師が多かった理由には、デザインや技術を学びたいということだけでなく、教育のあり方を習得するため、という目的もあったのではないでしょうか。

マニュアルやチェック試験の統一など、日本の美容師やサロンは多くの改革を繰り返し、現代の合理的な教育プログラムを開発してきました。海外から持ち帰られたものにも、日本人の感覚や感性、頭のかたちや毛質といった条件などを加味、精査《せいさ》し、構築されているのです。

こうした動きは、他国にはあまり例がないはずです。

現在では、お客さまの要望のレベルの高さ、客層の幅の広さから生じる必要性に合わせ、それぞれのサロンが適切な教育を行なっていることと思います。

与えられることが当たり前になった現代では、昔は……みたいな話は厳禁ですが、
先生や先輩の仕事はしっかりと見るようにしましょう。
勉強会だけだと上達のスピードは上がりません。
盗む。これは上手い人の真似をすることを言います。
営業中は技術を学ぶ素材の宝庫！
どんなに仕事に追われようとも見逃さないようにしましょう。

成長が早い人は、営業中に学習しているのです。要領が良いとはそういうこと。
そして教える側は、次の教育者を育てなくてはいけません。

僕は基本的に、教育は任せて進化させたいタイプです。

リスクもありますが、任せられたことによって考え工夫する意識を持てる人が、次の世代のリーダーになるからです。僕も任せられて育った人間なのです。

教わり、教え、伝えられ、伝えていく。

こうした教育の文化こそ、日本の美容が世界に誇る、最も優れた一面です。

これからも綿々と続く、美容の教える教わる文化は、どんな時代になろうとも、互いのポジティブな姿勢の上に進化していくのだと思います。

日本の教育文化が成すもの

皆さんにも誰かしら育ててくれた方や師匠、先生と呼べる存在がいたのではないでしょうか？　実際に手取り足取り、かどうかは関係ありません。自身の技術の源になっていることや、考えの源流を伝えてくれた方々が必ずいるはずです。

もちろん僕にも師匠がいます。厳しくしっかりと育てていただきました。先輩方にも指導や刺激、影響をいただきました。

今思うと、同期やライバルたちも大事なことを伝えてくれました。

デザインは勝ち負けではありませんが、負けたくないとかもっとカッコ良くとか自分にしかできないものをとか、そうした思いが励《はげ》みのベースとなりました。

こうした思いを持ち続けられるのはなぜか。それは美容師の世界に、教育や学びという価値観が綿々と続いているからです。

危惧するのは昨今の美容師事情です。

一人サロンや面貸しサロン、フリーランス美容師やシェアサロン。

これは生きていく手段でしょうし、そのためには必要なのだと思います。

それぞれの人生の中での判断ですから、否定するつもりはありませんが……。

ただ心配なのは、当人が50代、60代になった時のことをしっかり考えられているのか、ということ。僕には、その世界の未来がハッキリと見えません。

そして何よりも怖いのは、せっかく習得した、優れた技術や考え方、教え、伝承を、自ずと閉ざしてしまうのではないかという不安です。

もったいないです。

できることなら伝えてほしい。そして自らもチャレンジし、学んでほしい。

美容の技術やデザインの文化は、サロンの教育というかたちで継続させていくことがとても重要だと、僕は信じて止みません。

自身が得たものは、必ず次の世代に伝えていきましょう。

日本の美容には、優れた教育文化があるのですから。

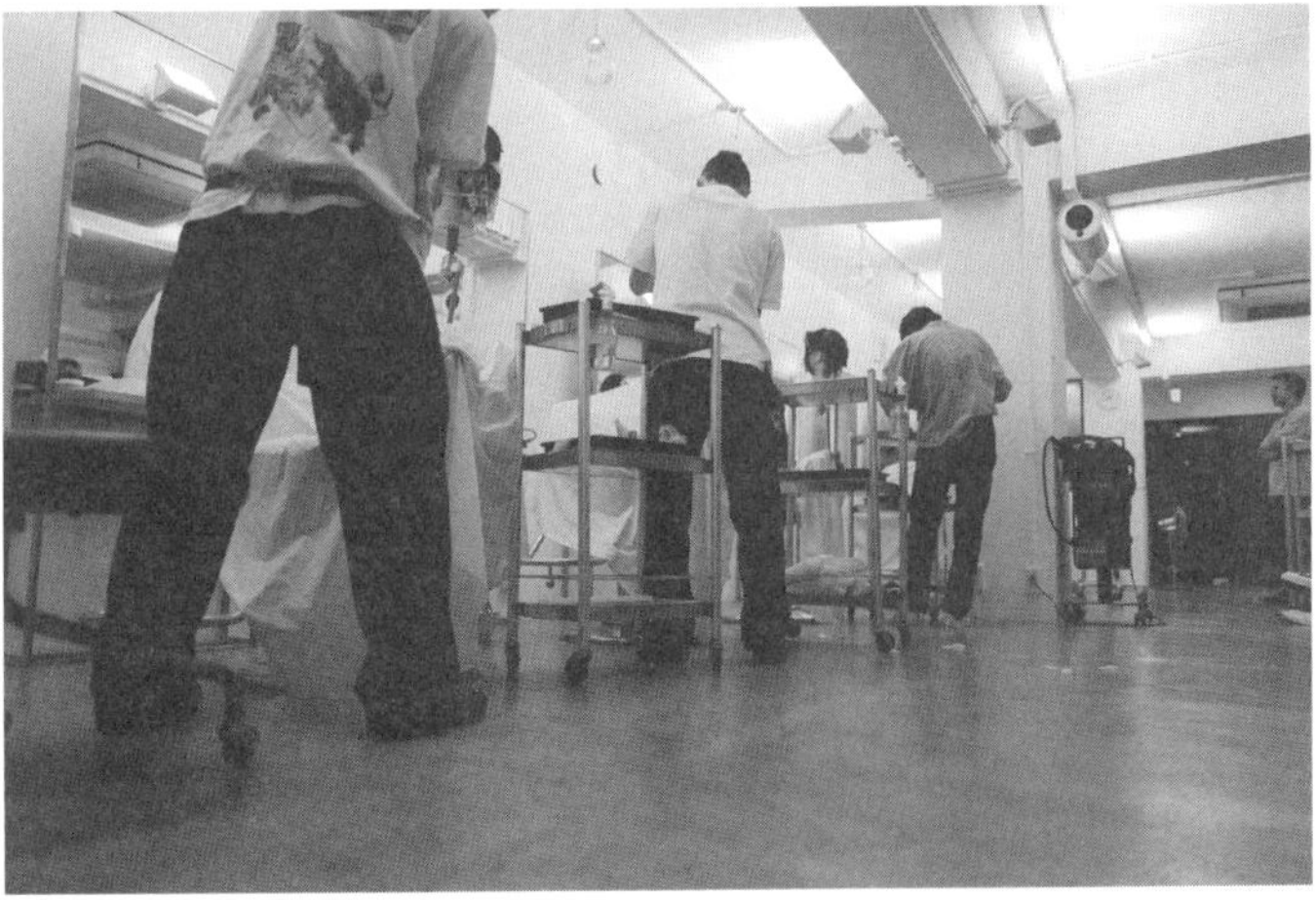

Web文化と美容

時代の流れはもう止められない。
その流れにどう向き合うか？　立ち向かうか？　しかない。

『HEAVENS』も自社サイトをつくって随分経ちます。
その当時は自社サイトを持っているサロンは少なかったと思う。
ネット自体、どデカいパソコンや通信手段が必要だったから簡単ではなかった。
それが今では手のひらの中でできる世界になりました。
スマホの中で世界情勢やマネーゲームや価値観を共有することができる。

大袈裟《おおげさ》なパソコンスキルは必要ないし、自社サイトはあって当たり前。
何をしたいか、何を広めたいか、誰とつながるのかを直接的に考えられる時代。
そしてそれらも進化し続け、個人が発信する時代となり、
既にWebやポータルサイトでもない部分に価値が求められています。

美容は生活文化です。生活に必要なことであり、AIではできないことです。
ということは、必ず価値を表現できるはずです。
これからその手のひらの中で起こる新しい波は、
美容師らしく表現された価値であってほしい。

僕は人に伝える力や人から人へと広がっていくものも信じていたい。
時代のスピードを感じながらも、本当に大切なことを信じたい。

メーカーさん、ディーラーさん

サロンで働いていれば、メーカーさんやディーラーさんの営業担当の方に接する機会がありますよね。材料を運んでくれるディーラーさんも以前は多かったと思いますが、物流の合理化で、配送業者の方が納品するケースも多くなりました。

僕もアシスタント時代はお店の材料係で、業務や店販の在庫、発注を毎日見ていました。その仕事をしていると、サロンの流行りや流れが分かってきます。

あのスタイリストはこういうカラー剤が好き、店長はコレがないとダメ、コレは最近動かないな……、などいろいろ気づきます。

ディーラーさんから新製品の評判や、ほかのサロンで売れているものの情報を仕入れたりするのも有意義です。ディーラーさんによっては、がんばって探し出してくれたりもします。

メーカーさんは自社製品を推してくるのはもちろんのこと、いろいろなイベント情報なども持ち込んでくれます。ヘアショーやコンテストといったイベント、講習会の案内など。僕らのスキルアップを通し、市場を活性化させるためにお金とエネルギーを使ってくれているのです。

日本の美容がこんなに発展したのは、何も僕ら美容師の力だけではありません。国内各地のディーラーは、地域の美容師の要望や才能を伸ばすため、一緒に考え行動してくれています。

あるエリアに優秀な美容師が育つというような現象は、そこに優秀なディーラーがあるからだと感じます。ビジネス面のフォローはもちろん、ヘアデザインや技術力を高めるセミナー、コンテストといったイベントの開催など。イベントに関しては、決してモトを取れるものばかりではなく、むしろほとんどの場合、赤字が出ているはず。それでも彼らは僕らのために時間とお金を使ってくれるのです。

メーカーもそうです。もちろんメーカーは他社メーカーと競争しています。ビジネス的にはバチバチでしょう。しかし日本のメーカーは、なぜか互いの立ち位置を理解し、リスペクトし合いながら共存しているように思えます。そして一様に、日本の美容師を応援してくれています。

僕もいろいろなメーカーの理解をいただきながら活動してきました。時には製品に対するコメントや、イベントへの意見などもお話ししてきました。

たぶん辛辣《しんらつ》な意見も言ったことでしょう。

でも皆さん本気で聞いてくださいました。感謝です。

日本には、日本の美容が、美容師が大好きなメーカーやディーラーが数多く存在します。お互いに協調し、それでいて刺激し合いながら、本当にお客さまに喜ばれる仕事ができる美容師の育成に、これからも本気でい続けてほしいものです。

皆さんもディーラーさんやメーカーさんとお話ししてみてください。製品の話、セミナーの情報、コンテストの話、こういう製品がほしいなどなど。

自分の将来に生かせることが、きっと聞けると思います。

意外に材料係は出世コースなのですよ！

ロングセラー、ロングライフ美容師

僕もそろそろ美容師歴40年を超えます。

今後、サロンに立ち、お客さまを担当する美容師は、キャリアとともにどんどん年齢を重ねていきます。こうした美容師は増え続けていくことでしょう。

これは美容師の働き方が変化していることも要因です。

かつては早くに独立開業し、複数店舗を出店すると経営に専任してハサミを置く方が多かった。それが最近では、一人サロンやシェアサロンなどさまざまな働き方が出現してきました。

そういった個で生きていく美容師が、50歳を過ぎてからをどう捉えていくか。
これも美容業界が取り組むべき課題のひとつとなるでしょう。

一人となると、すべてを自分で管理していくことになります。

まさしく代わりがいない状態。
経済面、健康面、生きがいなどすべてが自己責任。
さらに今後はリスク管理も重要な課題になると思います。種々のリスクを想定しながら美容師人生を組み立てていくことが求められるでしょう。

いずれのケースにおいても、末永くお客さまに来ていただけるスタイリストでいるコツは、いつもチャレンジし、毎年1ミリでもいいから成長を止めないことです。

それができるかできないかでは、その後に大きな違いが生まれます。

僕は今現在でも毎年カットが上手くなりたいと思っているし、
そうなっていると実感しています。

どんな仕事でどんな環境であろうと、
成長し続けることが大切な時代となるでしょう。

小松　敦の一問一答⑧

問　何歳までサロンに立ちますか？

答　それは自分が決めることじゃないと思う。

サロンワーカーとして魅力がなくなったら、お客さまは自然に離れていく。その時がハサミを置く時だと考えています。美容師として経営者として、サロンの現場感は大事にしたいし、現場に立ち続ける以上、感性や見た目を維持、進化させることが必要だと思う。ゆっくりとでも、仕事と人生を楽しんでいきたい。

美容師における成功とは？

かつては独立してお店を持つのが最終目標だった時代もありました。もちろん今もモデルケースのひとつであり、憧れのひとつであることは変わりません。

実は、僕は全く独立を考えていませんでした。

自分のお店を持ちたいと具体的に考えたことがなかったのです。

確かに美容師になりたての頃は、修行したら故郷に帰ってお店を出したりするのかな～？　などとアバウトに思い描いていた時もあったのかもしれませんが、それに向けた強い思いみたいなものは全く記憶にない。

それより在籍していたサロンを躍進させることに夢中でした。自分に与えられた、教育の総責任者という仕事に必死でした。地味ではあるが、何しろ本気でやらないと結果が出ない。クールに見られがちでしたが、心も額も汗まみれです（笑）

成功の意味は、人によっても時代によっても変わるでしょう。

人と違っていて良いのです。
人は自分の役割や生かされ方に生きがいを感じるし、それも成功だと思います。
収入にこだわるのも良いでしょう。
名声にこだわるというのもアリです。
小さくても幸せを感じられれば、どんなかたちでも成功者ですよ。

ただし、偽《いつわ》りはいけません。いつまでも自分の人生に空虚《くうきょ》な穴を残したまま生きていくことになります。

願わくば、そのようなことを皆さんが選択しないように祈りたい。

美容師は、純粋な夢を描き与える仕事です。

美容師として、という前に、人としての成功を目指して没頭しましょう。
美容は、まっすぐだった青春の頃のように、夢中になれる仕事です。

すべての職業に言えることですが、
感謝する心を忘れず、地道に謙虚《けんきょ》に真摯《しんし》に生きることです。
美容が大好きであれば、きっとうまくいきます。

美容師としての夢

人生における夢。皆さんも何かしらお持ちでしょう。
将来はハワイで暮らす。持ち家を持つ。良い車に乗る。
悠々自適に暮らす。引退して田舎で暮らす。
どれも良い夢です。
それらは実現可能な夢だから、達成すると次の夢を描きたくなるかもしれません。
または、夢が実現すると、燃え尽き症候群みたいなものになりやすいようです。

そう考えると、「夢」を持つなら実現できない夢のほうがいいのかな……。

では美容師としての夢はどうでしょう？

毎年売上げを伸ばす！ 何かのコンテストに出続ける！
１００店舗にする！ 現役最高齢の美容師を目指す！

などなど尽きないでしょう。どれも素敵な夢ですよね。

ヘアデザインの世界で必要とされ続ける美容師でいること。
『ＨＥＡＶＥＮＳ』もそうあり続けること。
これが僕の夢です。皆さんはどんな夢をお持ちですか？

プレイングオーナーの進む道

これからは、サロンの現場に立ち続けるオーナーが多くなるでしょう。現役の期間が長くなっていくと思います。

人手不足や雇用の問題もありますが、それ以上に、この仕事を選んで生きがいにしてきた世代の比率が、これから増えていくような気がします。

好きな仕事を、生き方を、簡単には止められませんよね？

20代の頃は何でも自分のために経験し、30代では稼ぎ、40代になったら自分の城を持ち、50代で後継づくりに力を入れる。そして60代以降は社会に貢献するというのが今までの流れと言うか……。

これからは、こうした流れが10年くらい後ろ倒されると思います。

30〜40代で「稼ぎ」、それ以降も「稼ぐ」は重大で、長くなるかもしれない。

稼ぐと聞くと「量」のように感じるかもしれませんが、それだけでなく、チャレンジし続けるという意味も込めての「稼ぐ」です。

数字だけでなく、感性と技術を磨《みが》き続けなければいけないでしょう。

20代や30代のうちは、オシャレやトレンドに敏感でいられます。
しかし40代に入って年齢的に無理を感じたり、衰えてきたかなと感じ始めたら、感性は一気に劣化していきます。美容師としての魅力も低下しがちです。

年齢を、キャリアを重ねたからこそできることは何か。
これを考えなければいけません。

またそうなっていくからこそ、デザインや技術のスタンダードを大切にしていくべきです。これは常に新鮮に、リニューアルし続けるべきものです。
凝《こ》り固まった古いスタンダードではなく、進化させるスタンダード。

やりがいありますよ。

そして、必ずそれを伝えていくための活動機会を持つことです。

技術やデザイン、イズムやサロンワーカーとしてのマインド継承は、ベテランと呼ばれる世代にとって、とても重要なライフワークとなるはずです。

自分の経験を伝えていきましょう。

それが教育文化。

美容において、教育文化はかけがえのないもの。
失ってはいけない、重要なものだと思います。

第七章 人として、美容師として

自分の存在価値と存在意義

なんだかヘビーなタイトルですが……。
重く考えなければ、コレが人生の目的のひとつであるのかもしれません。
ただ、生き方すべてをそこに結びつけたらキリがない。
部分的に考えてみても良いでしょう。

僕はサロンを立ち上げる時、もう一度ヘアデザインと向き合いたいと思いました。
自分がつくるヘアに価値はあるのか？
美容師として自分は重要な存在になれるのか？

僕の半生には、何かに導かれるような感覚が常にありました。

自分がつくる、カッコいい・素敵・美しいと思うヘアが、認められるのか……。
試す価値はあると信じたのです。自信があったわけでもないし、根拠もない。
でもやる価値は絶対にあると信じられた。

ヘアデザインは美容師にとって分身のようなもの。それを世に問う。
厳しさや難しさは経験してきた。失うものはない。
だからこそ自分のヘアデザインの意義と価値を知りたかった。

そのことだけに邁進《まいしん》できた、充実した創設期でした。
チャレンジする価値は必ずあるのです。

IMAGE CHANGE PROJECT.

美容師の仕事って何が大事なんだろう？
僕らができることって何だろう？
ヘアデザインの可能性とは？

考えていくとキリがなく、迷宮入りすることもあります。
でもそういったこともなるべく簡単に、シンプルに解釈《かいしゃく》するべきだと思う。
それはすべてのことに言えると僕は感じる。

美容師の仕事は髪（ヘアデザイン）で人をポジティブにしてあげること。
そう解釈してみてはどうだろう？

つまり今以上に素敵なイメージに変えてあげて、自信を持っていただけるようにヘアをデザインする。これに尽きる。イメージチェンジこそ、僕ら美容師にとってのアイデンティティではないでしょうか。

美容師の手でつくるヘアデザインは、人を魅力的に変えていける。

これは職業であり、プロジェクトです。
髪で人を、街を素敵にする。
美容師はすべて、イメージチェンジプロジェクトの一員なのです。

髪が、人を、街を

地域性や生活文化は、そのエリアの人々によって生み出されています。

風土というものの多くには、その地域の地理や気候や暮らす人々のつくってきた歴史的な部分が大きく影響している。ゆえにそう簡単に変われるものではない。

僕ら美容師は、地域にどんな貢献ができるのだろうか？
ヘアデザインを通して人々に何をしてあげられるのか？

大袈裟《おおげさ》なことはできないかもしれない。

でも、ヘアが美しいことは、その地域の人々の魅力を高めてくれると信じている。
清潔で明るく、どこか前向きでポジティブな印象をつくれるはず。
会話も弾むに違いない。ファッションも気にし始めるだろう。外出も多くなる。
人に会うことが楽しくなり、コミュニティが活性化する。

街が活性化するために必要なものは、良い政治だけではない。
髪が、人を街を明るくできるのです。
それがその地域で働く美容師の役割です。

だから美容師は、常に学び、新鮮な感覚を持って生活しなければいけない。
そうすれば、その街のライフスタイルのリーダーとして、
重要な存在になり得るのです。

地域を愛せなければ、そこでの成功はない

故郷の山形県鶴岡市を離れて随分経ちました。
既に東京の人間になったような気分です。
実際、故郷の倍以上長く住んでいる。
それでも大人になると郷里が恋しくなるものです。

実は、若い頃は育った町を、僕はそんなに愛せなかった。
境遇や環境がそうさせていたのかもしれません。
退屈で否定的で、早く東京に出たかった。

でも今の今まで、東京ではどこに住んでも仮の住まいのような気がしていました。
サロンを出して仕事をして、そこで生活しているのに。
東京は仕事をする場所、楽しむ場所みたいな意識だったのでしょうか。

そんな僕が、住宅街で自宅からもほど近いエリアにサロンを出しました。
古くからの商店街の中ほどに、小さいけれど存在感があるサロン。

意識に変化が訪れたのは２０１５年。
故郷で初めてセミナーをする機会に恵まれました。
地元の美容師有志が僕を呼んでくれた。
感無量だった。
帰らないと誓った故郷で僕の仕事を観たい観せたいと願ってくれた方たちがいた。

ありがたかった。救われた気がした。愛する故郷だった。

改めて仕事やお店の意味を見つめる機会を得た気がしました。

本質的にお店を出した地域を愛せなければ、そこでの成功はないと感じています。

東京もローカル。地域に愛着を持って仕事をし続けたい。

そして地域に愛されたいと、やっと思えたのです。

代わりのいない仕事人

昭和の某トップアイドルが、「親の死に目に会えなくても仕方ない。私の代わりはいない、だからステージに立ち続ける」と言ったそうです。
現代だとそれは酷《ひど》い！　そんな事務所辞めてしまえ！　と炎上しそうですが……。

この話は極端ですが、以前はすごくプロ意識の高い人たちが多かったと思います。
芸能人だけでなく、職人やサラリーマンでもそう。
自分がやる！　自分がやりたい！　何がなんでも責任を果たす！
そんな強い責任感とエネルギーがほとばしっていました。

僕らもある意味でそういう仕事をしています。
その人にしかできない仕事の質があるのです。

お客さまに「髪の毛やるのはどこでもいい、誰でもいい」なんて言われたくない。
最初はみんな「あなたじゃなければダメ」を目指したはずです。

近年のビジネスモデルは、業種を問わず「誰でもどこでも変わらない」というチェーン店的な方向性にシフトし過ぎたように僕は思います。
自分の仕事に誇りを持てるかはとても大事。それは人生においても重要なテーマだと思います。

プロフェッショナルとは、代わりのいない仕事人のことでもあるのです。

ドコデ？ ダレニ？

「似合わせ」「かわいいヘア」「売れるヘア」etc……。

美容師ががんばってヘアをデザインする活動や、サロンワークは永遠に続きます。

本来は、楽しくのめり込めるはずなのに、上手くなりたい、売れたい、稼ぎたい、有名になりたいといった、環境や本人の野望などが入り混じって「主観的」になり過ぎ、お客さまの本質的な要望を捉えきれていないこともあるかもしれない。

ネットの中でのトレンドヘアや、ランキング上位のカタログヘアなど、一般もプロも同じ目線でヘアを見入るような今の時代感。

つまり同次元な迎合感。
ＳＮＳやポータルサイトで毎日のようにカタログヘアが発信されている。
情報量はこれからも増えていき、みんなそれに疲弊《ひへい》し、飽き、
どうでもよくなる時期も来ることでしょう。
満たされた価値観は終焉《しゅうえん》を迎え、何かしら次のかたちに移行する。間違いなく。

そもそも僕らは何を目指しているんだっけ？

その方の美しさや格好良さの可能性を高めるお手伝いです。
そのヘアスタイルでどんな良いことがあるのか。
このヘアデザインでまわりからどう重要視されるのか。
生きる楽しさや慕われる嬉しさをどう提案提供できるのか。

ヘアでその方のブランディングをお手伝いする仕事。

ヘア ブランディング。
パーソナル ディレクション。
ライフスタイル プレゼンテーション。

ヘアでその方が魅力的になれば、自然と存在感が増し、誰彼ともなく「どこで切ってるの？」、「どこのサロン？」、「担当の美容師さんダレ？」となるはずです。

そして「行ってみる？ 紹介しようか？」。
これは誰にでも言うわけではない。
こういった相互の信頼感と、「素敵な人」の価値は連鎖する。

「この辺でランチの美味しいステキなレストランありますか？」。

これ、信頼できる人にしか聞かないでしょ？


僕ら美容師は常に自身を磨《みが》き、鮮度を高め、日々真摯《しんし》に仕事に向かう必要がある。

ネットに勝つのは、実際現実の「ヘア ブランディング」。


「ドコデ キッテルノ？」

「ダレニ キッテモラッテイルノ？」

これを言っていただける仕事をしよう。

みんなでコレを全国にプロモーションしましょう。

美容が好き！それだけでいい

僕が美容師を経験してきた40年は、目まぐるしく業界が変化した時代でした。

技術が先にあった時代や職人的な価値観の時代、ヘアスタイルからヘアデザインと変わってきた時代と……。

今では美容師それぞれの価値観、スタンス、スタイルで、ヘア以外のことを含め、いろいろな表現ができるようになったと思います。

ヘアはファッションの一部だから、思考や嗜好《しこう》にも幅があっていいと思う。

ナチュラルからセクシー、アバンギャルドからコンサバティブまで。もっとある。

サロンビジネスとしても多種多様な方法やかたちが生まれました。

産業として、美容はなくてはならない仕事、職業だと思います。

技術職ゆえにシビアな世界ではありますが、夢を描ける職業でもある。若いエネルギーでもってチャレンジできる場所もあり、キャリアを重ねて得るものも大きい。

これからは、長く美容師を続ける人が多くなっていくはず。


もちろん現実的な営業活動や成果はとても大事。それにまつわるWeb、SNS、ポータルサイトも、目まぐるしく価値が変わっていく。つまり職人や技術者といった従来の美容師とは違う活動の必要性が、より増していくことでしょう。


大変かもしれないが、それを楽しむこともこれからの美容師には必要でしょう。

フォロワー数50000人越えの美容学校生が現れ、意気揚々と業界入りするかも。

10年後は何歳になっていますか？ イメージできますか？
これから10年がこの業界の正念場だと思う。
社会的な基準や雇用体系、働き方や産業のボリュームも変化していくはずです。
現在の働き方や環境も、将来を見すえながら変化していくことでしょう。

それでも変わらないことがあります。

美容師は、人が人へ直接伝える、技術を通して価値を伝える職業であり仕事です。
僕がこの仕事を選んだ理由は、自分の力で生きていけるから。
お客さまに時間とお金をいただきながら、感謝される。
素敵さ、美しさ、楽しさ、新しさ。すべてポジティブな言葉です。
ささやかな存在ではあるが、世の中に絶対に必要な職業。

人のライフスタイルに影響をおよぼす仕事。
こっそり誇りを持って仕事をしましょう。愛ある仕事をしましょう。

似合う髪
美しい髪
新しい髪

僕は、そんな美容が大好きです。
この仕事が大好きなあなたでいてください。
あなたの仕事を喜んでくれる人が必ずいます。たくさんいます。
美容師は、美容が好き！ それだけでいいのです。
この業界は、そんな人たちであふれてほしい。

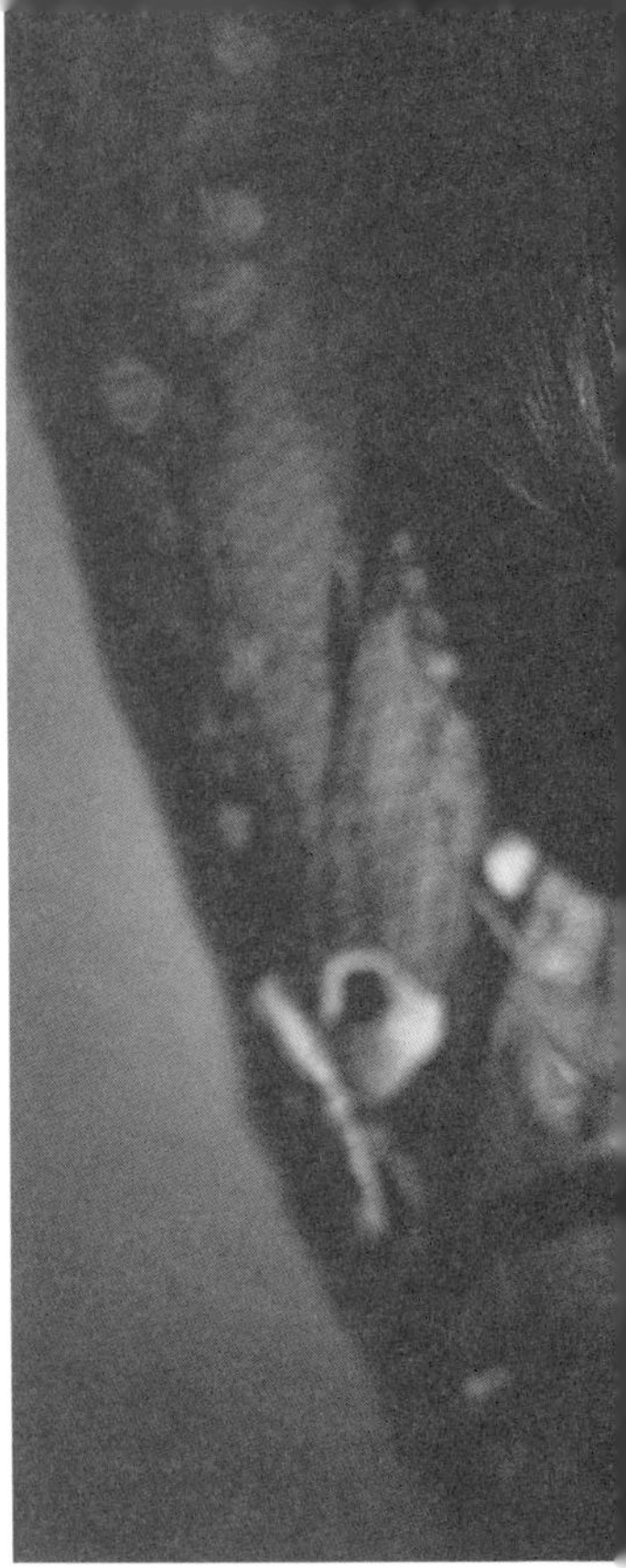

おわりに

すべてを書き終えて思うのは、人は経験したことからしか積み上げられないということ。この本に著《あらわ》した内容は、これまでにご指導いただいたこと、影響されたこと、それらをもとに僕が経験した多くの事柄から感じ得たことです。

人生は出会いです。どういった方々と出会えるかで生き方も大きく変わります。改めて、先生や先輩、友人や後輩、そしてスタッフと多くのお客さまに感謝の意を表します。

生きていれば多くの難関や壁に当たります。それを避けていてもブーメランのように必ず返ってきます。

読者の皆さんにとって、この本が少しでも考え方の参考になり、勇気を持てたり励《はげ》みになれたなら幸いです。

僕もまだ途中です。これからも美容師人生を楽しんでいきます。なぜなら美容は人生を愛せる職業だからです。皆さんも美容を愛し、美容師を楽しみ、永く青春してください。

最後に、今回の出版にあたりご協力いただいた皆さまに心より感謝申し上げます。ありがとうございました。

HEAVENS 小松 敦

小松 敦

こまつ・あつし/1959年生まれ。山形県鶴岡市出身。日本美容専門学校夜間部卒業。都内1店舗を経て、22歳で『SHIMA』に入社し、1年後にスタイリストデビュー、2年後には店長に就任。同店には11年間在籍し、教育責任者を務めた後、'93年、東京・渋谷に『HEAVENS』を設立。'99年 JHA ロンドン審査員賞最優秀賞（テクニック）、2000年 JHA 大賞部門準グランプリを獲得。また著書に『ツーセクションのすべて』、『デザインを遊学する』、DVD『ツーセクション』（すべて小社刊）などがある。

現在は原宿表参道エリアに『HEAVENS』と『HEAVENS OMOTESANDO』を、渋谷区代々木上原に『MuNi』の計3店舗を展開。

今も週4日間サロンに立つほか、各種セミナー講師やコンテスト審査員として活動中で、美容業界のオピニオンリーダーとして各方面からの信頼も厚い。趣味のひとつに写真撮影があり、「Leica」愛好家でもある。

似合う髪　美しい髪　新しい髪
ビヨウシニオクルコトバ©

2018年1月25日　初版発行

定価：本体 ¥1,800＋税

著者：小松 敦
発行者：寺口昇孝
発行所：株式会社女性モード社
東京／〒161-0033 東京都新宿区下落合3-15-27
Tel.03.3953.0111　Fax.03.3953.0118
大阪／〒541-0043 大阪市中央区高麗橋1-5-14-603
Tel.06.6222.5129　Fax.06.6222.5357
www.j-mode.co.jp

印刷・製本：図書印刷株式会社

Published by JOSEI MODE SHA CO., LTD.
Printed in Japan　